山东省社会科学规划重点研究基地
——半岛经济研究基地成果汇编（第六辑）

# 半岛经济与民生新常态发展研究

主　编◎姚中杰

副主编◎宋华岭　梁启华　李建伟

编　委（以姓氏笔画为序）

　　　　马然富　马　宇　王广成　王发明
　　　　刘　冰　刘传庚　宋华岭　李中东
　　　　李建伟　姚中杰　梁启华　蔡岩兵

西南交通大学出版社
·成都·

图书在版编目（CIP）数据

半岛经济与民生新常态发展研究 / 姚中杰主编. —成都：西南交通大学出版社，2016.1
ISBN 978-7-5643-4461-0

Ⅰ. ①半… Ⅱ. ①姚… Ⅲ. ①区域经济发展 – 研究 – 山东省②人民生活 – 研究 – 山东省 Ⅳ. ①F127.52 ②D669.3

中国版本图书馆 CIP 数据核字（2015）第 314035 号

## 半岛经济与民生新常态发展研究
主编　姚中杰

| | |
|---|---|
| 责 任 编 辑 | 周　杨 |
| 封 面 设 计 | 何东琳设计工作室 |
| 出 版 发 行 | 西南交通大学出版社<br>（四川省成都市二环路北一段 111 号<br>西南交通大学创新大厦 21 楼） |
| 发行部电话 | 028-87600564　028-87600533 |
| 邮 政 编 码 | 610031 |
| 网　　　址 | http://www.xnjdcbs.com |
| 印　　　刷 | 四川森林印务有限责任公司 |
| 成 品 尺 寸 | 170 mm×230 mm |
| 印　　　张 | 12.75 |
| 字　　　数 | 220 千 |
| 版　　　次 | 2016 年 1 月第 1 版 |
| 印　　　次 | 2016 年 1 月第 1 次 |
| 书　　　号 | ISBN 978-7-5643-4461-0 |
| 定　　　价 | 46.00 元 |

图书如有印装质量问题　本社负责退换
版权所有　盗版必究　举报电话：028-87600562

# 前　言

适逢山东工商学院建校三十周年，山东省半岛经济研究基地研究成果汇编第六辑、第七辑出版面世了。

作为一所财经类高等院校，山东工商学院的科研、教学一向关注地方经济、区域发展的研究探讨。建校三十年来，广大教师、学者、科研人员紧紧围绕山东省特别是胶东半岛区域有关市县经济、社会发展，先后开展了胶东制造业基地建设、区域资源与生态保护、半岛城市群建设、生态省建设、经济文化强省建设、低碳经济发展、山东半岛蓝色经济区建设、人口老龄化与社会发展、胶东文化与产业发展等多方面的研究，彰显了学校服务地方经济社会发展的科研目标、研究特色和整体优势。据不完全统计，自1988年以来，学校先后承担涉及山东地方经济社会发展的基金项目110余项；承担相关纵、横向研究课题320余项；出版相关专著33余部，发表论文2 100余篇；获得各级各类奖励80余项。其中《山东生态省建设进程监测评价体系研究》《山东区域创新能力综合评价和比较分析》《烟台城市竞争力与山东其他区域中心城市的比较与分析》《烟台地区战略性产业选择研究》《烟台北部沿海产业带发展规划》等一批研究课题得到省、市领导的批示并引起有关决策部门、地方政府的重视，为政府决策起到了重要的参考作用。

基于半岛经济研究上的特色和优势，2006年11月，山东省社科规划办公室发文（鲁社规字〔2006〕10号），决定建立山东省半岛经济研究基地，挂靠在山东工商学院。山东工商学院半岛经济研究院作为基地的工作协调和专职研究机构，对近年来全校涉及半岛区域经济社会发展发展研究的成果进行了系统梳理。此前，已编辑印刷了《半岛经济社会与文化强省研究》（第一辑）、《半岛论坛学术报告》（第二辑）、《半岛蓝色经济区建设研究》（第三辑）、《半岛产业结构调整与管理创新研究》（第四辑）、《半岛生态与社会文化发展研究》（第五辑）五部研究成果，本次出版的第六、第七辑的内容，是从基地依托单位专兼、职科研人员自 2012 年至 2015 年上半年发表的散见于各类期刊上的最新研究成果中精选出来的。在此，向收录到本书的各位文章的作者深表谢意！

由于时间仓促，编者水平有限，成果收录过程中肯定会有所遗漏，对我们工作中可能出现的缺憾，恳请广大读者谅解并提出宝贵意见！

编　者

2015 年 9 月 30 日

# 目 录

## 第一篇 经济建设

| | | |
|---|---|---|
| 山东省经济增长中的产业结构变迁及变化趋势 | 李志强 孙爱玲 | 3 |
| 蓬旅跨海通道项目可行性路径选择 | 尹建中 姚中杰 | 12 |
| 山东半岛城市群羽毛球产业一体化发展模式研究 | 郭 磊 | 22 |
| 经济下行压力下烟台市房地产营销策略探析 | 张小翠 | 28 |
| 山东省"蓝色经济区"背景下胶东半岛海洋经济发展比较分析 | | |
| ——以烟台、青岛、威海三地区为例 | 刘万辉 李 爱 | 35 |
| 山东省物联网产业技术创新路径探索 | 赵小芳 陈姝颖 | 41 |
| 潍坊市工业经济现状及对策分析 | 朱晓斐 | 45 |
| 加快烟台中心城市建设全面提升城市竞争力 | 程 磊 周晓艳 张 伟 | 50 |

## 第二篇 老龄社会

| | | |
|---|---|---|
| 中国城市老年人的收入与消费行为分析 | | |
| ——以烟台1 273位老人为例 | 杨晓龙 李 彦 吕如敏 | 57 |
| 烟台市农村老年人生活自理能力状况调查 | 宫 权 | 66 |
| 城市老年人的养老意愿及影响因素 | | |
| ——以烟台市的1 273位老年人为例 | 杨晓龙 李 彦 | 71 |
| 农村社会养老服务需求与供求状况调查研究 | | |
| ——以威海市为例 | 胡 熙 王飞鹏 | 80 |
| 山东省社会事业财政预算绩效测度研究 | 王 冰 孟 辉 | 84 |

## 第三篇 三农发展

| | | |
|---|---|---|
| 我国农村民主协商治理机制的实际运行及优化路径分析 | | |
| ——以山东、山西、广东省三个村庄的个案考察为基础 | 季丽新 张晓东 | 95 |
| 2001—2012年山东省农业信息化发展水平评价 | 王淑靖 | 106 |

新视角下山东城乡二元经济结构实证分析……… 刘　弈　王艳明　王　静　113

信息化促进农业产业化发展问题研究
　　——以山东省为例……………………………………… 成　功　谭玲玲　121

村镇银行的市场错位及应对策略分析
　　——来自山东省的调查……………………………………………… 于凤芹　125

行业和年龄农民工技能培训的分段式探讨
　　——以烟台市相关企业为例……………………………… 李　爱　田丽杰　134

## 第四篇　人才与服务

政府互动导向对基层公务员服务绩效的影响研究
　　——基于烟台地区居民的调查…………………………… 石云霞　赵西萍　145

海洋产业从业人员的构成及人才培训方案研究
　　——以山东蓝色经济区为背景…………………………… 李　爱　刘万辉　154

资源型城市转型时期的人力资源开发策略研究………………………… 盖佳敏　161

高校服务地方经济社会发展的实践探索………………………………… 纪祖伟　166

试论高校艺术创新人才培养对促进山东动漫产业发展的意义………… 张黎红　170

论高校服务地方发展的途径
　　——以山东工商学院为例…………………………………………… 纪祖伟　174

## 第五篇　生态与环境

区域生态环境压力与经济发展"脱钩"关系研究
　　——以胶东半岛为例………………………………………………… 王崇梅　181

原生态建筑的现代化设计探寻
　　——以胶东海草房为例……………………………………… 周晓艳　程　磊　187

## 附　录

山东省社会科学规划重点研究基地
　　——半岛经济研究基地简介……………………………………………………195

# 第一篇　经济建设

# 山东省经济增长中的产业结构变迁及变化趋势

李志强 孙爱玲

## 一、前言

中国经济持续三十年的高速增长，引起了众多国内外专家学者的关注。其中关注焦点之一就是，产业结构调整在中国经济增长中的作用以及这种作用是如何持续的。一些学者很早就注意到经济增长和产业结构演变的关系，美国经济学家库兹涅茨研究发现，工业化初期，资本和劳动力要素在不同产业部门的流转造就了劳动生产率的高速增长。结构变动对经济增长促进作用的理论解释就是 Timmer 和 Szirmai 首先提出的"结构红利假说"。对于"结构红利假说"在中国的情况，吕铁和李小平等指出"结构红利"在制造业层面并不十分显著。而刘伟和张辉研究发现，在三次产业层面，中国的经济发展遵循了工业化发展的客观规律，产业结构演变所带来的"结构红利"在改革开放的早期要远大于技术进步对经济及增长的贡献。但是，伴随着市场化改革进程的进一步深入，产业结构演变对经济的拉动作用不断减弱，技术进步对经济的推动作用逐渐显现出来，张军等认为"结构红利"在改革开放后是显著存在的，但呈现出由高到低（甚至为负）的态势。

2010 年，山东省的 GDP 总量已经在全国排第三位，但其经济总量的质量还不尽如人意，据《中国科学发展报告 2011》指出，山东省 GDP 质量指数在全国只排第八位，与其他发达省市有一定的差距。经济结构的合理性仍需改善是造成山东省经济总量和经济质量较大落差的主要原因之一。在众多针对产业结构和经济增长关系的研究中，针对山东省层面的研究并不多见。梁军利用 1978—2006 年的相关数据计量分析结果表明，产业结构演进确实对山东经济增长，特别是经济规模的扩张产生了重要影响。王向阳认为山东经济正处在高速增长和产业结构快速变动时期，通过产业结构调整与优化来实现山东经济的可持续发展是一项紧迫的任务。

基于山东省经济增长和经济结构的上述事实，本文在现有研究成果和方法的基础上，首先讨论了经济结构转移效应和技术进步效应在山东省生产率增长中的作用，重点探讨了产业结构调整能否成为山东省经济增长的主要推动力。

本文做的第二项工作是，在讨论经济增长和经济结构演化关系的同时，分析了产业结构转移效应的波浪式的时间变化轨迹，这种周期性的变化是结构演化特征和宏观经济政策共同作用的结果。刘伟和张辉认为合理有效的产业政策，可以使要素有效地分配到各个产业中去，产生比科技进步还要强的经济增长效应，这在改革和发展的最初阶段尤为重要。因此，政策因素在讨论产业结构的变化趋势时应作为一个重要变量。在中国的经济发展过程中，"国民经济和社会发展五年规划"（以下简称"五年规划"）是纲领性的文件，各个时期的产业结构调整变化和其有紧密的关系。在下面的分析中，我们按各个"五年规划"所属的时间，将分析时间分解成 5 年一个周期，这样就可以发现产业结构演变和"五年规划"实施的关系，从而反映出产业宏观经济政策对山东省产业结构演变的影响。

## 二、数据来源及实证方法

### （一）指标说明和数据来源

要素生产率的提高是一个国家长期经济增长的主要原因，度量要素生产率的指标主要有劳动生产率和全要素生产率，两者各有千秋，本文选用劳动生产率进行分析。其他所用原始指标包括：GDP，分三次产业的 GDP，以及分三次产业的就业比重。

本文中所涉及的数据变量均由各年山东省统计年鉴和中国统计年鉴原始数据计算得到，数据周期始于 1980 年，止于 2010 年，涵盖了 6 个"五年规划"周期。

### （二）研究方法

偏离份额分析（Shift-Share Analysis）方法首先由美国学者 Daniel 和 Creamer 提出，常用于产业经济结构和区域经济结构的评价，是研究结构演变对劳动生产率增长影响的一种有效方法。假设用 $LP^t$ 表示某经济总体的劳动生产率，$LP_i^t$ 是表示为第 $i$ 个产业部门第 $t$ 期的劳动生产率，$S_i^t$ 表示第 $i$ 个产业部门第 $t$ 期的劳动占比，其中，$i=1, 2, 3$；$t=0, 1, 2, \cdots, 20$（0 代表 1980 年，1 代表 1981 年，以此类推）。

那么，第 $t$ 期和第 0 期的总体劳动生产率可以分解为：

$$LP^t = \frac{Y^t}{L^t} = \sum_{i=1}^{n} \frac{L_i^t Y_i^t}{L^t L_i^t} = \sum_{i=1}^{n} LP_i^t S_i^t$$

$$LP^0 = \frac{Y^0}{L^0} = \sum_{i=1}^{n} \frac{L_i^0 Y_i^0}{L^0 L_i^0} = \sum_{i=1}^{n} LP_i^0 S_i^0 \qquad (1)$$

根据（1）式，第 $t$ 期总体劳动生产率相对于 0 期的增长率分解为：

$$\frac{LP^t - LP^0}{LP^0} = \frac{\sum_{i=1}^{n}(S_i^t - S_i^0)LP^t}{LP^0} + \frac{\sum_{i=1}^{n}(S_i^t - S_i^0)(LP^t - LP^0)}{LP^0} + \frac{\sum_{i=1}^{n}(LP^t - LP^0)S_i^0}{LP^0} \qquad (2)$$

式（2）等号右边的第 1 项度量了计算周期内，假设各产业技术水平固定不变的条件下，劳动力要素由前期低劳动生产率水平的产业向高劳动生产率水平的产业转移时引起的总劳动生产率增长效应，因此被称为静态行业结构转移效应。该项的符号可正可负，如果该项的符号为正表示前期劳动力要素向高劳动生产率水平产业的净转移，净转移的结果增加了高劳动生产率产业的劳动力比重，从而提高了总体劳动生产率。这种即使在技术水平不变条件下，单纯依靠劳动力在产业间流转形成的总体劳动生产率提高的现象，被称为"结构红利"的发生。

式（2）等号右边的第 2 项度量了劳动力要素从前期劳动生产率较低的产业向劳动生产率增长较快的产业流动时对总体劳动生产率所造成的增长效应，此项被称为动态行业结构转移效应。

式（2）等号右边的第 3 项度量的是在不存在劳动力的产业结构演变假设条件下，各产业的劳动生产率增长对总生产率的增长效应，因此被称为是产业内部增长效应。产业内部增长效应是各个产业内部技术进步因素和技术效率提高引致。

式（2）是绝对数意义上的劳动生产率增长率的分解，将其转化为式（3），则等式右边 3 项分别代表在劳动生产率增长中静态产业转移效应的份额、动态产业转移效应的份额和产业内部增长效应的份额。

$$1 = \frac{\dfrac{\sum_{i=1}^{n}(S_i^t - S_i^0)LP^t}{LP^0}}{\dfrac{LP^t - LP^0}{LP^0}} + \frac{\dfrac{\sum_{i=1}^{n}(S_i^t - S_i^0)(LP^t - LP^0)}{LP^0}}{\dfrac{LP^t - LP^0}{LP^0}} + \frac{\dfrac{\sum_{i=1}^{n}(LP^t - LP^0)S_i^0}{LP^0}}{\dfrac{LP^t - LP^0}{LP^0}}$$

## 三、山东省劳动生产率的变化趋势及其增长率分解

### （一）山东省三次产业劳动生产率的变化趋势

山东省是中国的经济大省，经过改革开放后的 6 个"五年规划"发展周期，经济总量和劳动生产率均取得了高速的增长，其中，劳动生产率 1980 年为人均 937 元，到 2010 年增长了 18 倍，达到了人均 17 823 元。在这巨大的增长背后，山东省三次产业劳动生产率的增长幅度和速度有着显著差异。

图 1 是 1981—2010 年山东省三次产业劳动生产率的变动情况。首先，可以看到三次产业的劳动生产率均有了大幅度的提高，2010 年与 1981 年相比，第一产业劳动生产率由人均 400 元提高到 4 600 元，第二产业由人均 3 800 元提高到 29 700 元，第三产业由人均 1 400 元提高到 20 460 元；其次，除 20 世纪 80 年代末 90 年代初，第三产业的劳动生产率略高于第二产业外，其余时段均是第二产业的劳动生产率最高，其次是第三产业劳动生产率，第一产业的劳动生产率最低。

图 2 展示的是山东省三次产业的劳动生产率增长率的变化情况。图 1 中劳动生产率最高的第二产业却是增长速度最慢的产业，第三产业是三次产业中增长最快的，第一产业次之。

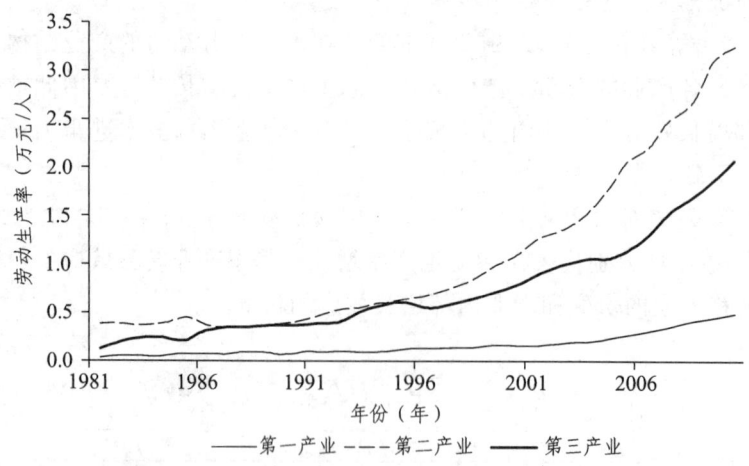

图 1　1981—2010 年山东省三次产业劳动生产率变动情况

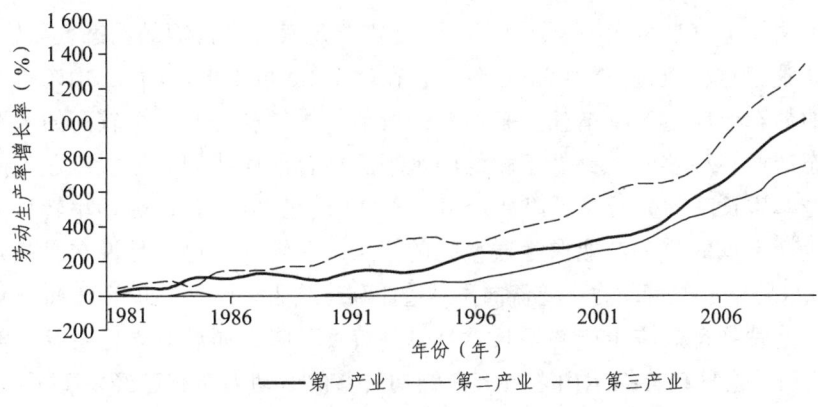

图 2　1981—2010 年山东省三次产业劳动生产率增长率

### (二) 山东省生产率增长率的分解

从前面对山东省三次产业劳动生产率变化趋势的描述我们得知，山东省三次产业的劳动生产率水平及其增长水平存在显著差异。根据经济增长的内在规律，这种差异将会导致劳动要素在三次产业间的流转。为了将劳动要素在产业部门间的流转对山东省经济增长的贡献与产业本身技术与效率提升对经济增长的贡献分离，我们使用偏离份额分析方法，将山东省劳动生产率的增长分解为结构变迁效应（静态产业转移效应和动态产业转移效应）和三次产业的技术变革（产业内部增长效应）所带来的生产率增长。表 1 是份额形式的分解结果。

表 1　山东省劳动生产率增长率及结构变迁和技术进步贡献率%

| 时期 | 劳动生产率增长率 | 静态产业转移效应贡献 | 动态产业转移效应贡献 | 产业内部增长效应贡献 |
| --- | --- | --- | --- | --- |
| 1980—2010 | 1 889.92 | 5.44 | 46.34 | 48.23 |

从 1980 年到 2010 年的这 30 年间，在山东省劳动生产率近 18 倍的增长中，静态产业转移效应的贡献份额约为 5.44%，动态产业转移效应的贡献份额约为 46.34%，两者合计为 51.77%，产业内部增长效应的贡献份额为 48.23%。从数字上看，产业结构演变所带来的劳动生产率增长比代表技术进步的产业内部增长效应所带来的劳动生产率增长略高，考虑到"偏离份额分析"通常会低估经济结构变动对生产率增长的贡献（李小平等，2007），因此我们认为在山东省近 30 年的生产率增长中，经济结构变迁的贡献要高于技术进步所带来的贡献。

上述结论只是30年来累计的结果,还需要观察三个份额的动态变化轨迹,图3描述了这种轨迹。可以清楚看出,在整个20世纪80年代,山东省产业转移的静态效应生产率增长贡献份额即所谓结构红利处于一个较高的水平,而动态产业转移效应份额处于较低的水平。结合前面我们对三次产业生产率和生产率增长率的分析,可以认定山东省20世纪80年代的劳动率转移主要是从生产率低的第一产业向生产率高的第二产业转移,也就是说在改革开放初期从农村解放的劳动力主要流向了制造业和建筑业等行业。20世纪90年代中期后,这种静态效应生产率增长贡献份额持续下降,而动态效应贡献份额却持续上升。这种趋势揭示山东省产业结构转移的劳动力转移已经发生了改变,从前面流向生产率最高的第二产业变为流向生产率增长最快的第三产业。这种转变有其深刻的历史背景,改革开放初期,由于制度变革导致的资源优化配置,譬如大力发展乡镇企业等,促使农业劳动力首先向制造业转移,20世纪90年代中后期,随着信息经济爆发式发展带来的生产性服务业行业出现,以及原有服务业低水平导致的起飞式发展,促使经济结构的转移重点转向了第三产业。

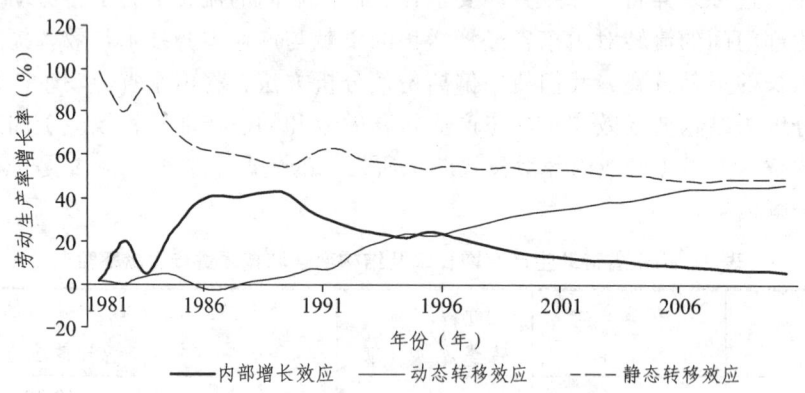

图3　山东省劳动生产率增长率分解动态示意图(以1980年为基期)

### (三)山东省生产率增长率的分阶段分解

上述劳动生产率增长率的分解是以1980年为基期的每一期的累积结果,为了考虑结构转移和技术进步对生产率增长的短期影响,这里将生产率增长分为几个阶段。考虑到我国转型经济的特点,经济结构的调整和宏观经济政策有很大的关联性,生产率增长阶段的划分可以以宏观经济政策的变化作为参考依据。根据本文前言中所述,这里以"国民经济和社会发展五年规划"

实施的时间为标准,将山东省生产率的增长划分为 6 个 5 年阶段,分别计算各阶段的静态产业转移效应贡献、动态产业转移效应贡献和产业内部增长效应贡献,结果见表 2。

表 2　分阶段山东省劳动生产率增长率及结构变迁和技术进步贡献率(%)

| 时期 | 劳动生产率增长率 | 静态产业转移效应贡献 | 动态产业转移效应贡献 | 产业内部增长效应贡献 |
|---|---|---|---|---|
| "六五" | 84.04 | 36.00 | 0.18 | 63.82 |
| "七五" | 22.31 | 31.98 | 6.25 | 61.77 |
| "八五" | 69.75 | 23.52 | 5.2 | 70.56 |
| "九五" | 66.56 | 1.62 | 0.14 | 98.23 |
| "十五" | 96.29 | 20.50 | 12.12 | 67.38 |
| "十一五" | 52.25 | 10.66 | 4.76 | 84.58 |

尽管从前面的分析我们知道,山东省产业内部增长效应对生产率增长的长期贡献份额是 48.23%,但是从分阶段计算结果看到,每个五年经济发展周期内,产业内部增长效应的贡献份额均超过静态产业转移效应和动态产业转移效应的贡献份额总和。这种线现象说明,山东省短周期经济增长的发动机是技术进步,这种作用随着结构变迁效应贡献的递减逐步加强,在"十一五"期间技术进步对经济增长的贡献达到 84.58%。虽然结构变迁对山东经济增长的贡献在下降,但其始终呈现的是正效应,"十五"期间甚至达到了 32.62%(=20.50%+12.12%),最近的"十一五"期间也保持在 10%以上的贡献份额,这与全国的情况不同。山东省生产率增长的上述特征揭示出,推动山东省经济增长的经济结构调整潜力仍有挖掘的余地,山东省的产业转型并未完全结束,合理调整山东省的产业布局仍是今后一段时期经济增长的重要手段。

为看清楚经济变迁贡献和经济政策的关系,我们将山东省生产率增长的静态产业转移效应(即所谓的"结构红利")分阶段动态变化绘制成图 4。山东省"结构红利"随"五年规划"变化的趋势在图中由实体黑线标出。

图 4 表明,山东省"结构红利"并非线性衰减,而是呈波浪形的衰减形式,即"结构红利"在前一个"五年规划"时期呈上升趋势时,那么在下一个"五年规划"时期会呈现下降态势。"结构红利"的动态变化随宏观政策周期波动的变化规律揭示了宏观调控在经济结构变迁的作用。当前期生产率高的产业劳动力转入过快时,该产业的边际产出下降,适当的宏观调整促使劳动力转向生产率增长快的产业,一定周期过后产业生产率的差异又促使劳动力转向生产率高的行业。山东省"结构红利"动态变化的另一个特征是"结

构红利"波动的幅度逐渐平缓并趋于消失,说明山东省的经济发展阶段处于接受"结构红利"的末期阶段。

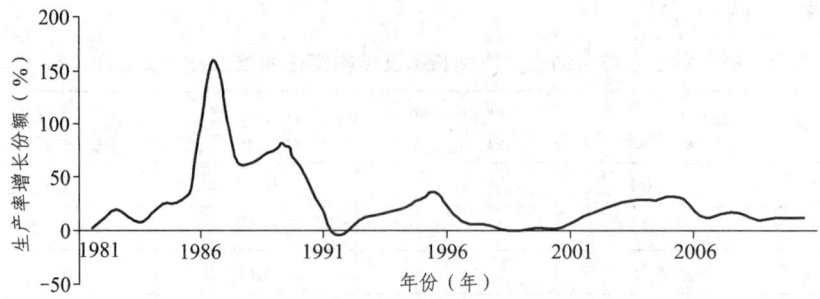

图4　山东省生产率增长静态产业转移效应(结构红利)分阶段变化图

## 四、结　语

本文采用"偏离份额分析"方法,将山东省劳动生产率的增长分解为产业结构演变的贡献和技术进步的贡献,主要实证度量了山东省产业结构变化在经济增长中的作用及其变化趋势。分析结果证明,产业结构变迁在山东省经济增长的历史过程中扮演着重要角色,三十年来的总体贡献甚至超过了技术进步的贡献。山东省的"结构红利"与全国的情况类似,在20世纪80年代达到最高峰,之后逐渐减少,但与全国不同的是,山东省的"结构红利"始终为正效应,其贡献份额也远远大于全国平均水平,说明转变产业结构仍然是山东省未来经济增长的原动力。山东省"结构红利"的衰减并非是现行的衰减过程,而是呈现出类似波动性的衰减,衰减周期和宏观经济政策有一定的相关性。山东省的"结构红利"尽管仍为正效应,但也处于消失阶段,应抓紧时机,利用好产业结构调整政策。

第三,推动企业管理创新与升级。煤炭行业进入理性发展阶段,煤炭企业要适应这种理性发展的特质要求,在学习、引入和借鉴国内外企业管理方法的基础上,寻找和打造符合中国煤炭企业可操作的管理升级版,这个"升级版"就是在煤炭企业推行精益化管理。"精"就是少投入、少消耗资源、少花时间,尤其是要减少不可再生资源的投入和耗费。"益"就是多产出经济效益,实现企业升级的目标,更加精益求精。精益管理就是要求企业以最小资源投入(包括人力、设备、资金、材料、时间和空间),创造出尽可能多的价值,为顾客提供高质量产品和及时的服务,提高顾客满意度。精益管理的目的就是企业在为顾客提供满意的产品与服务的同时，把浪费降到最低程度。

第四，实施新兴产业引导工程。国家要对信息消费及信息惠民、节能环保、宽带中国、移动互联网、新能源、智慧城市、电子商务以及智能物流等统筹推进重大产业引导工程，以企业为主体，政府引导支持，加快相关产业的技术创新步伐。东部地区是我国实施创新驱动发展战略的重点，要围绕破解要素成本上升、环境污染问题突出、资源约束瓶颈和转型升级压力等难题而实施创新。

《山东工商学院学报》2014年第4期

# 蓬旅跨海通道项目可行性路径选择

## ——基于风险要素分析的视角

尹建中　姚中杰

## 一、引　言

（1）有关背景情况。渤海海峡位于我国辽东半岛与胶东半岛之间，是连接渤海与黄海的狭窄水道。海峡最窄处在山东烟台蓬莱市的登州角和辽宁大连旅顺口区的老铁山角之间，直线距离约106公里。1992年，柳新华教授等提出了利用工程技术手段贯通渤海海峡"天堑"，连接胶东与辽东两大半岛之间陆路交通的设想。通道分为东西两线，东通道为烟台与大连之间的火车轮渡，由大型船舶载火车过海，登陆后火车继续开行，这一设想已于2006年11月变为现实。西通道为蓬莱和旅顺之间的跨海通道，设想在登州角和老铁山角之间，通过修建海上桥梁或海底隧道或桥隧结合的交通设施，连通两地。该工程项目建成后，将变海峡两岸陆路交通由沿环渤海绕行的"C"形路线为折近直达的"¢"形路线，大大缩短通行距离。截至目前，该工程项目的研究论证工作已历时21年。

（2）有关理论概述。为确保项目规划、决策的科学性、正确性，实施之前都要进行客观、可靠的必要性论证和可行性论证。必要性前提是所有工程项目规划提出的动因和逻辑起点；可行性条件是规划能够进入决策程序并得以实施的根本依据。必要性研究的主要内容是工程项目的作用、价值和意义，阐明项目建设的目的及其现实或潜在的利益回报；可行性研究着重于从技术、经济、风险防范与控制等方面进行深入细致、全面系统的分析论证，以判断其现实的"可行性"与否。必要性与可行性是一个矛盾的统一体。当必要性与可行性相统一的时候，"需要"就可能变为现实；当现实可行性条件无法满足必要性需求的时候，那么"必要性"前提只能暂时或永久搁置。当然，对于一个具体的工程项目来说，其可行性与否并不是绝对的，它会随着环境、条件等相关因素的变化而变化。

## 二、蓬旅跨海通道项目建设面临的风险要素

### （一）巨额成本投入与回收风险

如同企业生产重视投入与产出比例一样，工程建设项目的投资与收益问题是跨海通道建设面临的、不可回避的重大经济风险。自项目建设设想提出以来，其成本预测数据一直处于变动之中。考虑到勘探、路线确定、通道形式、施工方式、通行工具、配套设施等方面的不同选择和通胀等因素影响，形成了从最初预计的 600 亿元，到后来的 1 000 亿元、2 000 亿元直至目前的 3 000 亿元的概算投资规模。资金投入核算的复杂性、不确定性，是困扰通道建设成本难以精确量化的重要原因。如果不能给出权威的、可控的、相对全面的、稳定可信的预算投入数据，那么通道建设未来或将陷入投资"无底洞"的麻烦境地，其成本回收及合理收益将难以预期。如果寄希望于通道通过垄断性"高收费"或"无限期收费"收回成本，则会直接增加通行主体的经济负担。这种负担除了通行主体以节时、节能的收益抵消一部分外，其余的缴费必定是对异时、异地资本或活劳动积累的索取或占用，而这些资本或活劳动再造的价值最终都离不开对资源的消耗和对环境的损害，这与节能节材、低碳环保、可持续发展的世界性理念是相悖的。从既有的研究结论看，跨海工程建设的价值主要体现在社会效益上，如振兴东北老工业基地、环渤海经济圈崛起、东部地区经济发展深度融合等，而不仅仅是项目本身的成本回收和盈利问题。但由于资本要素在市场经济活动中的重要作用，必须考虑投资者的现实利益，否则通道建设就会因"没钱办事"而难以为继。例如，目前围绕环渤海区域还有另外两个酝酿中的工程设想，一是抽取渤海水输送到新疆，以调节西北地区的气候，解决干旱问题；另一个是开挖胶莱人工海河贯通莱州湾与胶州湾，以缓解渤海湾的严重污染和生态危机。这两个项目的不可行性同样在于无法解决投资来源及成本收回的要素制约。

将渤海海峡"天堑"变"通途"的初衷是缩短山东与辽东两大半岛间的陆路通行距离，使通道两端及其腹地交通方便快捷，以利于经济社会加快发展。节省时间、节约能耗是距离缩短给通行主体带来的最现实、最直接的利益。关于时间效益的量化核算在实际操作中有很大的难度，一是无法量化，如因通道便捷，烟台一位患者及时赶到了大连就医而挽回了生命，这件事就很难衡量其收益的多少，因为没有谁能够量化生命的价值；二是量化指标往往缺乏可比性，时间对于不同的人、不同职业、不同的情况是否产生效益、效益多少是不相同的，也是没有参照标准的。因此，跨海通道的节时收益是

社会化、个性化、千差万别的，无法全面统计或准确计量。但运输效率提高而带来的节能效益，比照陆路绕行或海运成本可以相对准确地计算出来。按当年不变价格计算，有专家已概算出交通工具每年节油100亿元的量化数据。如果按目前预算的3 000亿元建设投资不变价格计算，则需要30年抵消通道的建设成本，亦即运营30年后，才会产生净收益，但隧道设施的折旧和继续使用的维护成本、运营及管理成本等状况是无法预计的。除去不可抗拒力可能造成的损失，如果因故障、设施陈旧，投入收益倒挂难以为继而停止运营，那么通道建设只能算"打了个平手"，不亏不赢。当然，运距缩短后，还有交通事故率降低、机械磨损减轻使用寿命延长等方面的好处，但这主要表现为社会效益，无法直接用于抵消隧道的建设成本。

### （二）环境影响与工程技术风险

除通道设想提出的"必要性"动因外，庙岛群岛有利的岛礁依托，是该设想"可行性"的重要支撑。没有庙岛群岛的"地利"条件，或许通道工程设想根本就无从谈起。故无论通道建设采取何种设施形式、何种施工方法、选择何种路线，对岛礁的依赖是必需的、不能放弃的。这就决定了该工程项目与海洋、海岛生态环境的相互作用、相互影响不可避免，也就是说包括海洋地质在内的环境风险对通道工程的约束是必然的、刚性的。由此便引发了对工程施工的挑战，包括地质、气象灾害防范，海上桥梁施工保障，海底隧道涌水、通风、逃生处置等，形成技术上的要素风险。对此，鲁东大学吴爱华等的研究认为，地理条件、技术水平是影响跨海通道项目的两个最重要的风险。

### （三）利益博弈与决策责任风险

除客观的成本投入风险、技术风险之外，主观的利益诉求、决策倾向也是项目存废的关键因素。

（1）区域、区划层面的利益博弈都对通道工程立项有很大影响。蓬旅跨海通道项目对环渤海区域的发展影响巨大，作为项目的"东道主"，山东和辽宁两省的热情很高，截至2013年3月，已5次作为重大项目建设提案进入全国"两会"。但区域内的另外两个利益相关方——天津市和河北省对此项目的期待并没有那么兴奋，无疑这其中有局部区域规划竞争和海陆运输同质竞争的问题。就本质而言，是区域内部各自现实或潜在利益的博弈。以高速公路为例，跨海通道营运后，津冀地区路网收费将受到过境流量减少的损失，对过境旅游、住宿、餐饮、加油、购物等相关消费的间接收益影响也是同步的。但根据《国家公路网规划（2013—2030年）》显示的信息，国家将不断调整和完善收费公路政策，从长远看，收费公路占整个里程的比例大概是3%，其余97%左右，即绝大部分都是非收费公路体系。所以跨海通道对津冀地域的过路收益影响是不可避免的。当然，如果跨海通道在经济上的性价比达不到通行主体的预期，那么绕道而行依然是消费者现实的选择。

（2）决策者之忧通道建设能否开工，除了专家、学者们给出经济、技术、风险防范等各方面充分的可行性论证外，主管部门决策者的态度也很重要，如果任期内看不到"政绩的光芒"，而且可能还要承担未来不可预测、不可抗拒的风险责任，落得千古"罪名"，那么其决策的决心也将是很难定下的。

## 三、跨海通道交通设施模式选择

从规划设计的角度看，首要的问题是交通模式的选择，它事关成本投入和通道安全大计。这里所说的交通模式，是指交通工具通过海峡所依赖的道路交通设施样式，即跨海的桥、隧独立或二者组合的设施样式。从有关专家学者们既有的研究成果看，贯通渤海海峡，没有哪一种模式能够完美解决所有的难题。现实要做的是在趋利避害或"两害相权取其轻"上进行可行性选择。

### （一）跨海大桥

这是最初提出的蓬旅跨海通道设想。庙岛群岛由南向北一字排开的岛屿、礁石、浅滩形成天然桥墩。有海岛的依托，桥梁建设比较容易，工期相对较短、工程造价低，同时又有国内外成熟的施工技术和经验可资借鉴。以公路方式通行，车流量大，行驶自由、便捷、视野宽，与封闭的隧道设施相比，不存在通风问题。但海上桥梁完全暴露于毫无遮拦的茫茫大海环境之中，与外部环境之间的相互影响很大，雨、雾、冰、雪、风浪等气象灾害对桥梁的建设、运营都会产生不可控、不可预期的灾难性影响，通行安全性低、交通工具坠海的可能性较大，不能保证全天候畅通。同时，桥梁本身及汽车的噪声、灯光、尾气等对航道通行、海洋海岛生态环境等的干扰也是不可避免的。从长远看，桥梁还面临潜在的地质灾害、军事袭击等破坏性威胁。

## （二）海底隧道

作为一种封闭的通道，隧道交通几乎与外界环境互不影响，采取隧道跨海模式的优点是施工、运营均可全天候进行，不受外部环境制约，稳定性、持久性好，隧道内恒温、恒湿，无季节性变化，通达安全、快捷。类似的跨海、跨江河工程，选择隧道设施模式已成为比较广泛采用的世界性趋势。但受地质、环境、施工条件的局限，隧道工程造价比较高，需要足够的资金支持。其主要要素制约在于隧道内封闭环境，机械作业动力燃料耗氧、施工人员正常呼吸、潮湿环境等对通风技术要求较高，对涌水等地质灾害处置的难度较大，工程机械的操作空间逼仄、意外事故防范与救援、人员逃生等现实或潜在的风险较大。

## （三）桥隧结合的"南桥北遂"模式

这也是可行性论证过程中一度被看好的选择。北城隍岛以南至登州角之间，充分利用岛礁依托的地理条件，选择建桥是经济合理的。北城隍岛以北至老铁山角之间海上距离为42公里，无岛礁依托，海阔水深，又是重要航道，建设海底隧道是合理的选择。"南桥北遂"的设想，可以说兼顾了隧道的优势、桥梁的优势，是基于实际情况而采取的较为现实的一种选择。但如上所述，因为桥梁易受外部环境因素的制约，一旦桥梁部分发生问题，则会导致全线停运。而且，这种桥隧结合的跨海设施模式，在交通工具的选择上很难兼顾，如果以汽车通行，在桥上受到雨、雪、风、雾的影响不说，在隧道内也很难适应，如发生事故、司乘人员如厕等紧急情况就很难办；如果以火车通行，隧道内问题不大，驶上桥梁如遇台风则难以适应。保证通畅是对交通的起码要求，由于桥、隧各自弊端的存在，无论哪一个环节出现问题，都会造成全路瘫痪。而恰恰海上桥梁是最容易受恶劣气象影响而出问题的。可见，桥隧结合的设想主要因桥的制约因素大而使其可行性大打折扣。

## （四）海上浮桥

在水面建设浮桥也是实现水路交通陆路化的传统模式。这在许多陆路交通跨越江河尤其是战时较为普遍采用的跨越水路"天堑"的通行方式，各国军队中至今仍有舟桥部队的军事编制。在跨越江河的民用设施中，浮桥在许多水路上发挥了作用，例如黄河上仍有不少在用的"浮桥"。浮桥的优点是能够灵活地为车辆通过提供便利，与为兼顾航道通行而高出海面的桥梁建设相比，成本更低。但其制约因素是受海洋水文、气象的影响较大，稳定性较差，难以确保全天候运营，而且会阻断海上航运，无法作为永久的海上安全通道。这里只作为贯通海峡的可能性形式提出，而不作为通道建设可考虑的选项。综上分析，跨海通道的桥梁模式、全隧道模式、桥隧结合模式之比较，权衡利弊并充分兼顾技术、环境、安全等诸多风险要素，蓬旅跨海通道宜选择全隧道模式。

## 四、全隧道模式下的优化目标

确定选择全隧道模式后，可以缩小论证范围，专一分析论证针对该模式的若干问题。

### （一）隧道路线

根据王梦恕院士提出的三条跨海隧道路径，每一条隧道路线可以分为两大段落。北隍城岛以南至蓬莱登州角有海岛依托的"南段"和水深海阔无海岛依托的北城隍岛至老铁山的"北段"。无论选择哪条路线，都要考虑相关的制约因素。从工程技术角度看，南段最大的障碍是长山水道宽 380 米、最深 77 米海沟，南砣矶水道宽 300 米、最深 78 米海沟，北砣矶水道宽 400 米、最深 119 米海沟三大的制约；北段最大的障碍是老铁山水道南北长 42 公里无岛屿依托、隧道通风困难的跨海路程和北城隍岛北侧海中宽 310 米、最深 160 米海沟的制约。避开海底深沟，选择一道连接尽可能多岛礁地层的线路，有利于建设通风竖井、逃生通道以及释放列车在隧道高速运行形成的活塞式气压和增加隧道开凿工作面。

### （二）隧道建设模式

海底隧道有人工开凿隧道（以下简称开凿隧道）和人工制造隧道（以下简称人造隧道）两种建设模式。开凿隧道，指隧道由近海陆地开掘进入海底地层，在海底地层之下，按设计线路开凿衬砌而成；人造隧道，指隧道体由人工在陆上工厂化制造完成，然后按照预设线路分段沉入海底浅埋、伏贴或架设，连接而成。需要指出的是，在海底"凿遂"运出开凿岩体腾出交通空间，尽管需要一些支护材料，但总体是空间构筑做"减法"的工程，其面临的最大难题是通风和涌水治理以及为应对这两个挑战而进行的竖井建设和堵漏、排水问题。建桥和人造隧道对于海洋载体而言,都是材料汇集空间构筑做"加法"的工程,建设过程及投入运营后,与环境的相互作用、相互影响很大。

### 1. 理想状态的隧道开凿

这是在通风技术、涌水风险预测和灾害处置都可控制条件下的方案。以老铁山水道最深处-86米为基准,隧道通过海底的部分全程埋深在海平面之下-186米水平线上开凿;只在蓬莱和老铁山两端陆地的进出口区间段,设计符合交通工具上下坡要求的坡道,以确保车辆在海底隧道段内高速安全运行。

### 2. 非理想状态的隧道开凿

这是兼顾海峡地貌状况、规避各种制约因素条件下的方案。隧道的实际路径要在兼顾岛礁设置通风竖井要求的前提下,取合理曲线而非最短直线;海底地貌高低起伏,地势总体走向南高北低,故隧道要在兼顾通风竖井深度的前提下,参照挪威海底隧道最小岩石覆盖层厚度经验值,确定海底埋深在30~50米范围内,由南向北设计为渐缓的下坡,在抵达-86米最深海槽段后,再设计为符合埋深要求的渐缓的上坡或在抵达最深海槽段后保持隧道水平掘进直至北端的陆地出口。北隍城岛以南海域,利用岛礁、浅滩,在相对均距离各点上,设置通风口兼救援通道出口;在北隍城岛以北深水海域,虽无岛礁依托,但可选择相应的海底高坡作为深埋于其下方的实际隧道路线,在相对等距离的海底高坡上建设人工岛,设置通风口兼救援通道出口。

### 3. 人造隧道

这是试图规避开凿隧道种种制约,降低建造成本的一种设计方案。以海底浅埋、伏贴或桥隧铺设的人造隧道,形成的是一个庞大的"海底长城"建筑物。隧道体由工厂化生产完成,其材料选择、设计、造型、工艺、标准等的可控性强。制约因素是:在海上沉埋作业时,隧道体与海洋生态、海底地貌有相互作用;由于浮力作用、海潮的冲击作用,会形成左右上下的震动、晃动,隧道体的固定与保持稳定是个难题;作为潜在的战略目标易受到军事攻击。海底开槽铺设、隧道桥建设也是复杂的工程。全线的人造隧道,尤其在南部浅海,会形成海底障碍,对航运、海洋生态、环境、战争保护等带来极大的挑战。

4. 开凿隧道与人造隧道结合的"南'凿'北'造'"隧道

这是充分利用北城隍岛以南岛礁条件，规避北城隍岛以北海阔水深、无岛礁依托劣势，而采取的折中方案。以北城隍岛为"节点"，南段采取"凿"隧技术；北段采用"造"隧技术，以沉管工艺、海底隧道桥方式完成海底架设。但这种看似趋利避害的办法，仍不能从根本上消除"凿遂""造遂"各自固有的弊病。

综上比较权衡，非理想状态的海底开凿隧道建设办法，其经济性、稳定性、抗灾性、抗攻击性、使用寿命的持久性等都优于其他隧道建设模式。应在建设人工岛通风竖井或确保不低于 25 公里远距离通风到位和海底涌水处置可控的前提下采用之。

### （三）隧道交通工具

隧道内的陆路通行，可以是依托公路的汽车，也可以是依托铁路的火车。汽车行驶方便、灵活、自由，但行车道、超车道、停车道的功能划分，致使汽车通行需要较宽的隧道，开挖量较大，成本高。而且汽车通行会产生一系列问题，如超过 1 小时的长距离隧道内行车，因光线、噪音、景观单一等的影响，司机易疲劳；如因车祸漏油而引发火灾，隧道内通风强度大，火势会更猛；如果发生意外爆炸，则在这种封闭闷罐内的威力会更大；事故造成拥堵和污染，救援者难以快速到达事发地；众多独立的交通工具，会使闷罐式隧道内噪音强化，尾气排放污染严重，隧道内空气质量差，而且隧道内无法解决司乘人员的吃喝、如厕以及紧急情况下的就医等易发、突发问题。

采用轨道交通，即以火车为运输工具，客运、货运皆由火车"摆渡"通过。轨道通行安全系数高，一次通行运量大，具有集约化、规模化效益，载重量不受约束，成本低；电力机车无尾气排放、隧道内空气污染少、噪音低。按照设计能力，火车通过时间会控制在 1 小时之内，而且在火车上能够解决吃喝拉撒问题。同时封闭通道内火车高速行驶的惯性作用还可以辅助通风换气。

通过分析对比，海底隧道交通工具宜采用轨道交通。

## 五、全隧道模式下有关问题前瞻

跨海通道施工建设、运营、管理是一个复杂的系统工程，包括从设计、勘探、施工、运营、维护、风险防范、环境影响以及资金来源、成本回收、腹地带动、周转场地等若干环节，都要通盘考虑。拟建的蓬旅跨海通道将成为世界上最长的海底通道工程，其面临的挑战不言而喻。但国际、国内日渐增多的跨海、跨江河隧道工程以及我国海底采煤、1000米深地采煤提供的掘进新技术、新工艺和有关地质灾害、涌水、通风处置新办法，对未来的跨海隧道项目都是宝贵的经验积累和有益的技术支撑。针对全隧道模式下的相关问题，有关前瞻性的工作建议如下：

## （一）开展详细的海底地质勘探调查

针对隧道路径面临的海底风险要素，在蓬旅之间海域定向展开小宽度（200~100米范围内）、大深度（海底以下50~100米）的海底精细地质勘探，以避开深海沟和地质破碎层。

## （二）突破长距离通风难关

消除北隍城岛至老铁山角之间海底隧道通风障碍是工程技术面临的艰巨任务之一。英法海底隧道解决了海底38公里两端同时通风问题，我们要面临的通风距离将超过42公里，可有目的地选择在建陆地隧道工程做等距离通风试验，以获取有关参考数据。

## （三）通道运营的物流周转

依靠火车"摆渡"跨海，人、货、车辆上下托盘火车的周转量将很大，势必影响通行效率。在蓬、旅两端隧道口，需要配套周转场地和列车编组等辅助服务设施。

## （四）人、车具体"摆渡"方式的安排

除了对旅客、货品夹带危险品的严格检查外，摆渡车辆在托盘车上的固定以及对摆渡客车上旅客、货车司乘人员安全摆渡方式的安排等一系列细节，都是事关隧道内列车安全运行的第一要务。应制定防范个人极端行为预案，确保通道运营万无一失。

## （五）通道管理与安全防御

未来的海底隧道开通运营事关国家主权、国土安全、战略交通命脉和民生大计，这样具有重要政治、经济、军事影响的战略设施，投资、建设、运

营不宜采用 BOT 模式。此外，通道沿线的外围空中防御、海底保护等都是应该考虑的战略安全问题。

## 六、结　论

蓬旅跨海通道项目是极具挑战性的世界级工程，每公里成本投入高达数亿元甚或十几亿元，事关国计民生、政治影响、军事战略、国家形象、生命财产安全大计。其设计、施工、运营的安全性、可靠性既是最低要求也是最高要求，如果没有在风险控制上做好充分的可行性预案而付诸实施，那将无异于"在悬崖边上建溜冰场"，人为制造一个现实或潜在的风险设施。故论证过程必须广纳群智，进行全面、充分的可行性研究，尤其要重视那些"不可行性"见解，以确保各种风险处于可控范围之内。

《价值工程》2013 年第 28 期

# 山东半岛城市群羽毛球产业一体化发展模式研究

郭 磊

## 一、山东半岛羽毛球产业一体化发展的内涵

从当前我国经济发展现状来看,长江三角洲城市群、珠江三角洲城市群产生的 GDP 已占到我国 GDP 总量的 28%,其主要的成功经验就是城市群经济一体化发展。北京大学周一星认为,自然地理上山东半岛城市群涵盖了烟台、威海、青岛、潍坊、日照五市。济南和淄博虽然在自然地理上不属于山东半岛,但属于胶济、兰烟沿线的城市密集区;东营和日照虽然不是"城市密集地区",但他们属于半岛和邻近半岛的沿海城市。在国务院《关于扩大沿海经济开放区范围的通知》中,认定济南、青岛、烟台、淄博、潍坊、威海、东营、日照均属于山东沿海经济开放区,并称为"山东半岛城市群地区"。随着 2005 年《山东半岛城市群区域发展规划》和 2007 年《山东半岛城市群总体规划》的正式发布,山东半岛城市群(以下简称"山东半岛")这个区域经济板块新锐再度进入全国视野。在"2013 年全国十大城市群竞争力排名"中,山东半岛城市群排在长江三角洲、珠江三角洲和京津唐城市群之后,位列第四。《牛津现代高汉双解词典》中关于"一体化"的解释为:"自四面八方向一点汇合、收敛、聚集",而具体到体育领域,目前还没有一个统一的认识。

关于"经济一体化",程慎玲认为,它是在区域经济发展中为了达成社会经济资源的优化配置,实现资源共享、功能互补、联动发展、利益共享,从而形成的一种区际分工和协作的区域发展格局;王冬冬就此提出体育一体化发展要遵循市场经济规律,体现"规划一体、优势互补、发展有别"的原则。可见,一体化发展就是要从总体上架构区域内的合作与竞争,降低内耗,促进区域协调发展。对于山东半岛的羽毛球产业一体化而言,也就是八地市要打破行政区划界限,统一规划,根据羽毛球产业的内在关联性和地理空间的邻近性,获取产业集聚效应和互补效应,通过有效配置和资源整合,促进八地市之间羽毛球产业的协调快速发展。

## 二、山东半岛羽毛球产业一体化发展的可行性

### （一）地理位置和行政区划资源

经济学理论认为，区位是一种重要的资源，它直接或间接地影响着本区域经济发展的信息、机遇和发展空间。山东半岛突出入海，地理位置特殊，从地图上可以清晰地看到山东半岛是连接东北、华北与南方沿海省份的关键区域。传统上，山东半岛与长三角虽同属于华东地区，但由于文化差异却较少受到来自上海的影响；山东半岛虽与首都北京同称为"北方地区"，但由于相隔辽阔的河北农村地带，北京的春风也无从南下。这样，在两极的中间地带，山东半岛如要造就经济文化的一极，必然要更多依赖自身资源的有效利用。

山东半岛的另一大优势在于城市群同属一个省级区划。政府是公共利益的代表，也是自身利益的保护者。在其他城市群一体化建设中，由于群中城市分属不同省份，各省政府之间必然存在资源共享、利益分配等方面的自利性，进而成为一体化发展的阻力之一；而山东半岛却能由省政府统一规划，与地方政策协调，减少摩擦，做到政策通达，保障有力。

### （二）雄厚的经济基础

经济社会基础是区域羽毛球产业一体化发展的必要条件。山东半岛2001年国内生产总值为6 228.99亿元，已经超过了辽东半岛城市群所在的辽宁全省，也超过了京津唐三市之和或者长江三角洲的上海和南京之和，从而使山东半岛城市群跻身于全国五大城市群之列。2011年后山东省GDP稳居全国前三，半岛的贡献居功至伟。以2011年为例，山东半岛八地市GDP占到全省的63.38%。与国内其他城市群相比，山东半岛没有特大城市，各市经济实力相对均衡。在全国GDP排名中，青岛、烟台、济南、潍坊、淄博、东营六地市分别排在第12名至第47名之间，位居全国50强，省内人均GDP排名也占据前六。

### （三）省政府出台优惠政策支持

2009年成功举办"全运会"之后，山东省首次提出要建设体育强省，实现群众体育、竞技体育和体育产业均衡、协调发展的目标。2010年在《山东省加快体育强省建设实施意见》中，提出了建设体育强省的任务目标、发展

战略和保障措施；2012 年 9 月出台了《山东省人民政府关于加快发展体育产业的实施意见》（以下简称《意见》），对体育产业的发展提出了一系列的优惠举措。这都有利于山东半岛进行羽毛球资源的整合和有效配置，推动产业的一体化发展。

## 三、山东半岛羽毛球产业一体化发展模式构建

根据山东半岛羽毛球产业一体化发展的内涵，结合丛湖平《论我国东部省份体育产业区域发展模式的构建》一文中对体育产业发展模式的定义，笔者把羽毛球产业发展方式、羽毛球产业区位时序选择、羽毛球产业结构时序选择、羽毛球产业协调机制等作为山东半岛羽毛球产业一体化发展模式的基本构成。

### （一）产业一体化的发展方式

依据"均衡发展""梯度推进""增长极"和"点-轴开发"等理论，结合半岛羽毛球产业发展现状，笔者认为应将非均衡协调发展作为山东半岛一体化发展的方式。一体化的非均衡协调发展的实质是适度倾斜，是在承认客观存在的发展差异的前提下，将有限的资金、技术、资源比较集中地投入山东半岛羽毛球发展中心区，以支持和带动各地区总体水平的快速、持续发展；同时针对由于各地资源和自然禀赋的不同，造成的羽毛球行业间发展差异，可采取有的放矢、优先发展优势行业的办法，努力解决制约整个产业链发展的瓶颈问题。

### （二）协调机制的建立

在城市群一体化协调发展中，有许多共同的利益诉求，也有许多利益矛盾和困难，因此，协调机制的建立是一体化发展的难点和重点。笔者参考国内外城市群一体化协调模式，借鉴法国城市（镇）联合体的协调模式，结合山东半岛羽毛球产业的特点，特提出"政府挂帅下的一体化发展协会协调模式"：首先创设山东省体育局局长和各地市体育局局长的联席会议，作为山东半岛体育产业一体化协调的最高决策机制，负责制定统一的制度规范和体育产业政策，提出共同的产业发展目标和发展规划，每年召开一次例会；其次，成立由政府主管部门、企业代表和专家学者组建的山东半岛羽毛球产业一体化发展协会，作为日常工作的决策和领导机构，负责对市场进行深入的调查研究，

在充分征求民意及各方意见的基础上,反复酝酿协商后达成共识;最后,共同承诺和签署协议。协会会长也是联席会议的成员,原则上由非政府官员担任。

## (三) 发展区位时序的选择

资源的稀缺性及区域间资源禀赋的差异,决定了不同区域羽毛球产业在发展的时序上应有先后性。如果确定以非均衡协调发展作为山东半岛羽毛球产业的发展方式,就要选择羽毛球产业优势区域,然后通过优势区域带动辐射区的发展。笔者认为,山东半岛城市群羽毛球产业一体化发展应分为两个阶段。

第一阶段:选择青岛、济南、烟台三地优先发展,形成三地竞争与合作的羽毛球产业发展格局。

区域羽毛球产业的发展,不仅有其自身的发展规律和内在的成长机制,同时也是与其他影响因素耦合的过程。选择羽毛球产业优势区域,要采用定性和定量相结合的研究方法,从行业自身和区域视角两个方面加以分析和判断。王艳在博士论文研究中通过因子分析法和帕累托分析法,筛选出影响体育产业各行业发展的主要因素,包括不能量化的体育文化认同因素和难以统计的体育人口数量等因素,其中羽毛球的三大行业均受城市化水平、居民人均收入、羽毛球场馆设施三方面可量化因素的影响。笔者经查阅资料和实地调查,也得到了山东半岛各地市相关数据(2012年),具体见表1。

表1 山东半岛各地级市三项数据比较

| 城市 | 城市化水平 | 排名 | 居民人均收入(元) | 排名 | 羽毛球场地(片) | 排名 |
|---|---|---|---|---|---|---|
| 济南 | 1.306 | 1 | 28 892 | 1 | 310 | 3 |
| 青岛 | 0.901 | 2 | 28 567 | 2 | 360 | 1 |
| 烟台 | 0.334 | 5 | 26 542 | 4 | 358 | 2 |
| 淄博 | 0.335 | 4 | 24 955 | 5 | 273 | 4 |
| 东营 | 0.340 | 3 | 27 343 | 3 | 192 | 6 |
| 威海 | 0.303 | 6 | 25 290 | 6 | 185 | 7 |
| 潍坊 | 0.114 | 7 | 22 508 | 7 | 201 | 5 |
| 日照 | 0.176 | 8 | 20 098 | 8 | 152 | 8 |

城市化水平是衡量城市发展程度的数量指标。吴玉玲通过层次分析法和聚类分析法,筛选出经济、人口水平、生活方式、环境四个一级指标,得出山东省十七个地市的城市化水平综合得分。在山东半岛城市群中,济南、青岛两地分数较高,优势明显;淄博、东营、烟台、威海四地均在0.3~0.4分,

属于第二集团。人均可支配性收入济南、青岛、东营、烟台分列前四位；羽毛球室内场地数量前三位为青岛、烟台、济南三地。兼顾各地市人口总量、城市影响力及羽毛球竞技水平，青岛、济南、烟台三地羽毛球服务业发展条件优势明显，可确定为先期重点发展的三个城市。

第二阶段：以青岛、烟台、济南三地为中心，以点带面，建立辐射周边城市的羽毛球产业圈。

青岛、烟台、济南三地分别位于山东半岛的东、北、西三个方位，考虑到传统地缘因素和各地市发展现状，可将八地市分别结成青岛—日照、济南—淄博—东营、潍坊—烟台—威海三个羽毛球产业经济圈，并辐射至其下22个县级市。产业圈内应加强合作，并通过中心城市扩散影响所产生的"淋下效应"和"示范效应"，对临近地区形成强力影响，以促进产业一体化发展；产业圈外可通过竞争，激发区间羽毛球产业发展的结构性合作，通过羽毛球企业间的竞争达成资源的合理配置。

### （四）产业结构时序的选择

体育产业结构是指在体育产业内各生产部门之间的技术经济联系以及数量和比例关系。它反映的是各体育用品和体育服务部门之间在生产技术上相互依赖、相互制约的关系，也反映出各类体育经济资源在各部门的配置情况和体育产业总值在各部门的分布情况。陈林祥在研究中确定体育产业中的体育健身娱乐业是我国体育产业的主导产业，也是体育产业结构的核心。羽毛球健身娱乐业作为羽毛球产业的主导产业，与其他产业关联度较大，某种意义上可以说它要发展，就必须要依赖于前后关联行业的发展，特别是羽毛球竞赛表演业和培训业的发展。所以在产业结构时序的选择上，要根据城市禀赋进行分工，要选择适合自身发展水平的行业优先发展。

（1）深入发展青岛市羽毛球竞赛表演业，提高羽毛球赛事区域核心竞争力，进一步扩大增长极的辐射效应。羽毛球竞赛业是通过组织羽毛球竞赛表演，为人们提供高水平的羽毛球劳务产品，满足人们对赛事观赏和精神享受需要的服务。青岛市羽毛球竞赛业的发展已初具规模，自2009年承办第十一届全运会羽毛球全部比赛开始，2011又承办了第十二届苏迪曼杯羽毛球混合团体锦标赛，2012年承办了羽毛球亚锦赛、全国业余羽毛球冠军赛、全国羽毛球超级联赛，青岛是国内少数几个承办过如此多大赛的城市之一；青岛羽毛球队竞技成绩十分优异，2010年、2011年连续两年获得全国羽毛球超级联赛冠军头衔。我们通过走访比赛场馆了解到，比赛的层次对其收入影响非常大，其中门票收入占到总收入的八成以上。在此形势下，一方面青岛市要依托良好的自然环境、优异的比赛成绩和火热的球市，积极发挥羽毛球中介的作用，依靠日趋完善的商业运作，提高商业赛事核心竞争力，以吸引更多的国际性羽毛球赛事来青岛举办；另一方面青岛市要多渠道开发竞赛业的附带产业，如传媒业的广告收入、羽毛球经纪收入、形象产品的开发，以摆脱过度依赖门票收入的窘境。

（2）努力发展济南市羽毛球竞赛表演业，推动羽毛球培训业的深入发展。济南在成功举办2009年第十一届全运会后，体育产业发展环境得到了进一步提升。济南市要抓住这一难得的发展机遇，积极争取举办大型的全国性羽毛球赛事，也要利用省会城市之便，多组织全省各行业各层次的羽毛球比赛，并与青岛东西呼应，带动整个山东半岛羽毛球竞赛表演市场的持续升温；同时，济南市羽毛球运动起步早，群众基础雄厚，竞技水平较高，已形成了良好的羽毛球文化氛围，要进一步规范羽毛球培训市场，提高培训质量，努力为省羽毛球竞技后备人才的培养承担更多责任。

（3）大力发展烟台（及其他五地市）的羽毛球培训业。羽毛球培训业是羽毛球健身娱乐业的关联产业，调查得知，经过羽毛球培训的各类人员大都成为羽毛球健身娱乐业的消费人员。烟台羽毛球球市当前正处在一个稳步上升的阶段，群众参与羽毛球健身的热情高，场地也充裕，但由于其整体竞技水平不高，不能满足市场的需求，因此羽毛球技术人才的短缺成为限制烟台市羽毛球产业发展的一个重要因素。建议有关部门提供羽毛球教练员岗位培训机会，推行业余教练等级制度；打破青岛市竞技人才垄断局面，搭建人才流动平台；实现资源共享，推进退役高水平运动员或教练员区域内的自由流动。

（4）积极培育具有品牌竞争力的羽毛球用品制造企业。山东是制造业大省，青岛、烟台、潍坊三地的制造业一直走在国内前列，但羽毛球用品制造业直至目前还没有形成集群优势。在产业一体化建设中，除遵从市场规律外，政策导向的作用也显得至关重要。2012年9月山东省政府《意见》中指出，从2013年起，省财政每年安排专项资金，设立省体育产业发展引导资金，以项目资助、贴息贷款和以奖代补等方式重点扶持体育产业基地建设、技术创新、品牌培育、人才培养及体育企业面向大众的健身服务等，并强化金融支持和税费优惠政策。三市企业一定要充分利用这一政策，依靠自身技术创新，不断提高品牌竞争力；羽毛球一体化发展协会也要发挥协调指导功能，对市场进行考察论证，以避免重复建设、企业之间的不良竞争，促进品牌的健康发展。

《体育研究与教育》2014年8月第4期

# 经济下行压力下烟台市房地产营销策略探析

张小翠

## 一、烟台市房地产业发展现状

烟台房地产市场竞争越来越激烈,并呈现出供大于求的趋势,而且供求比一直呈下降趋势。2013年下半年烟台六个区有40多个项目开盘,仅开发区和福山区下半年就有12万套住宅房入市,而烟台市一年的总需求为4~5万套。由此可知,随着越来越多房地产项目的入市,越来越多楼盘的开盘,库存压力将是烟台房地产商面临的最大问题,烟台地区或许会引起小范围的价格战。

图1为2013年6月到2014年5月的烟台市平均房价走势图,从图中可以看出,烟台市的平均房价主要在6 400~6 600元/平方米波动,并从2014年2月趋于稳定。

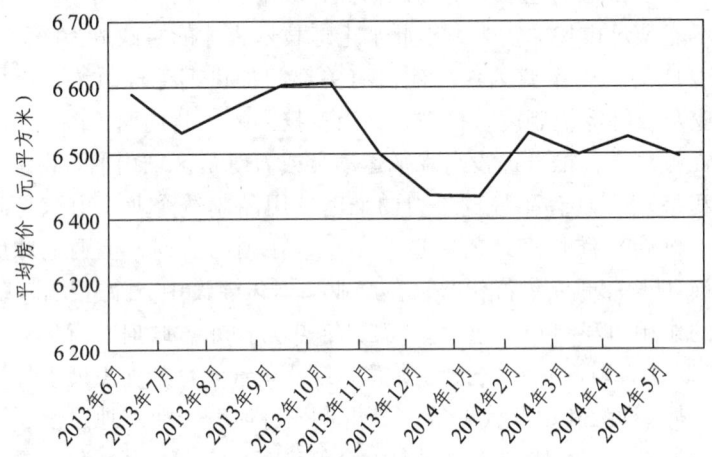

**图1 烟台平均房价走势图(数据来源:中国指数研究院)**

另外,由图2可以看出,烟台的房价大部分为中等价位,价格4 000元/平方米以下和10 000元/平方米以上的各占了8%,处于中间价位的项目占了大多数,竞争非常激烈。

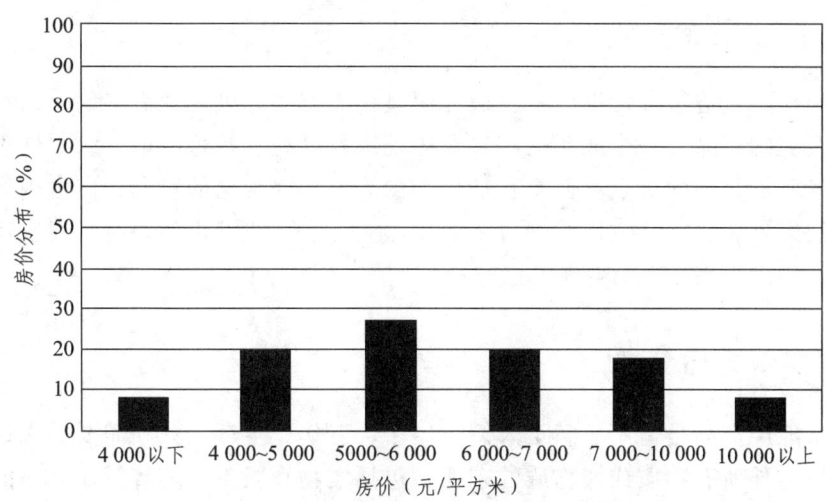

图 2　烟台房价分布图（单位：元/平方米）

## 二、烟台房地产现有营销策略

### （一）价格策略

由图 2 可以看出，烟台房价分布还是比较合理的，好的地段价格相对要高一些，比如市中心和海边，合理的价格是销售成败的关键。价格是顾客购买时考虑的核心因素，产品价格要和顾客所获得的产品价值相对应。价格的确定要从多方面因素综合考虑，包括景观因素、周边环境、交通条件、生活配套设施、发展前景等。

### （二）促销策略

烟台房地产商还会不定期地推出楼盘优惠活动，以此来激发消费者的购买欲望，例如今年 5 月和 6 月几个楼盘刚推出的价格优惠活动："南大街大成门 6 套特价房，直降 5 万，时间仅限 6 月 20～23 日，过期不再"；"福山区的君山水 57～128 平方米新品户型，限时特价 4 880 元/平方米起"；"华明星海湾邀约全城齐约'惠'二期抢先预约 3 000 抵 1 万"……这些促销活动在一定程度上能吸引消费者的眼球。

## （三）广告策略

利用广告进行宣传推广是个最方便直接的方法，可以让更多的人认识、了解企业的产品。一个成功的广告要体现出自己独具特色的地方，要展现出竞争者所不具备的优点。但是在烟台受到人们保守观念的影响，广告内容和形式缺乏创新，在这方面，烟台企业还需向一、二线城市的企业学习，用新颖独特的广告来吸引消费者的眼球。

## （四）产品策略

房地产产品是指用于满足人们对生活、工作、生存、获利需要的人造空间环境内外所有物质或非物质的东西，包括实物和服务。随着行业竞争的加大和产品的升级，消费者对产品也越来越挑剔了。针对不同的人群以及不同的用途，房地产开发商要建造不同的产品，提供不同的服务。房地产产品分为5个层次，如图3所示。

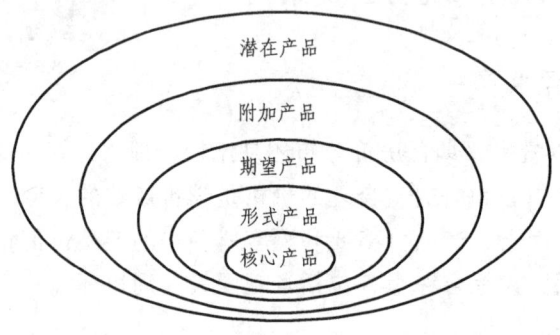

图3 房地产产品的五个层次

## 三、经济下行压力以及对现有营销策略的影响

我国经济下行压力主要体现在以下几个方面：一是国民生产总值中速增长。2013年我国GDP同比增长7.7%，CPI同比上涨2.6%，经济运行较为平稳，但是增长速度由高速转变为中速，由需求衰退周期逐渐转换为供给调整周期。二是结构性通货膨胀。目前我国的物价总体维持着温和上涨的趋势，但是，房产类价格上涨幅度超过了往年，由于结构性因素的存在，价格上涨

也具有一定的趋势性。由于房地产商品价格的上涨和交通区位便利住房、学区房的日益紧缺，房价一步步被推高。我国农业人均收入增加值仍然偏低，只能通过提高农产品的价格来获取更多的利润。三是部分行业产能过剩。产能过剩会降低经济运行中的投资乘数效应，导致需求的增加只能提高现有生产能力的利用率，却不能带来新的投资。四是资金供需矛盾。虽然央行基本维持了偏松的货币投放力度，但是资金供需矛盾仍然很突出。以 2013 年为例，尽管货币供应量 M2 已超百万亿，但与全社会固定资产投资总额的比率已由 2001 年的 5.69 下降到了 2.53；货币供应量 M1 与全社会固定资产投资总额的比率也由 2.15 下降到约 0.77。

经济下行压力对烟台房地产现有营销策略有着一定程度的影响。我国经济增长下行使消费者回归理性，尤其是在购房这一方面，烟台消费者的购房行为大部分都比较保守，所以目前房地产市场上已经出现了供过于求的现象。这无疑加大了烟台地区内房地产行业的竞争，目前烟台房地产营销主要是以产品为导向的，着重点都在自己的产品上面，大部分房地产商在开发一个项目之前都没有做足够深入的市场调研，根本就不知道消费者真正想要什么样的房子，却把更多的精力花费在项目建成后大力推销自己的产品。传统的营销理念已经没有足够的竞争力，营销理念急需创新。虽然一线城市的房地产营销比三线城市做得更好，但是一线城市的作战经验用于烟台这样的三线城市不见得会有理想的效果，因此，要因地制宜地制定策略，针对烟台的城市特点和文化以及各区的特点来创新房地产市场营销理念。

## 四、烟台房地产营销策略的改进建议

### （一）加大市场调研的深度，重视市场细分

所谓房地产市场细分，就是指按照消费者欲望与需求把一个总体房地产市场划分成若干个具有共同特征的子市场的过程。能否准确地定位市场，确定目标客户，决定着楼盘畅销与否。烟台人民对房子的需求和购买能力一定是不同的，有的为了给老人养老，有的为了自己家庭居住，有的为了投资，每一类消费者就是一个具体的细分市场。对烟台市房地产的市场细分和目标定位可以根据地理因素、产品用途、购房动机、购房群体特征等几方面进行分析，见表 1。

**表 1　烟台市房地产的市场细分**

| 细分标准 | | | 细分市场 |
|---|---|---|---|
| 地理因素 | 区位地段 | | 芝罘区、莱山区、福山区、牟平区、开发区、长岛县 |
| 产品用途 | 居住 | 档次 | 低档、中档、高档 |
| | | 房型 | 别墅、套房等 |
| | | 层高 | 高层、多层、小高层 |
| | 商用 | | 商场、酒店、宾馆 |
| | 写字楼 | | 甲级、乙级、丙级 |
| | 厂房 | | 大型、中型、小型 |
| 购房动机 | | | 求名、求新、求美、求廉、求实、求便 |
| 购房群体 | 经济收入 | | 高收入、中等收入、低收入 |
| | 社会地位 | | 农民、工薪人士、个体户、中高级管理人员、知识分子、干部、外籍人士等 |
| | 年龄 | | 青年、中年、老年 |
| | 家庭结构 | | 单身、家庭 |

## （二）营销理论的创新

随着房地产业的发展，经济的中速增长，过去的营销理念很难使企业脱颖而出，以消费者为导向的 4C 理论较 4P 理论更适合目前烟台房地产业的营销。要想使烟台房地产企业在激烈的市场竞争中生存发展下去，就要摆脱旧思维、旧理念，建立新的营销策略。

### 1. 顾客（Customer）

顾客主要指消费者的需求和欲望。企业重视顾客要胜于重视产品，因为顾客就是上帝。市场营销最重要的任务就是研究消费者的真正需求，这样企业才能提供人们想要的产品。现在的"80 后""90 后"都追求个性，喜欢与众不同，都不希望自己将来的房子设计老套没有自己偏爱的元素。所有购房的人们都希望自己的需求得到满足，毕竟房子不是想买就买想换就换的东西，总希望一次购买就让自己和家人满意。房地产企业的目标已不再是为顾客提供一个栖息之所，而是要能够体现生活品位。

### 2. 成本（Cost）

顾客成本是指产品价格、购买和使用产品所发生的时间成本、学习成本、机会成本、使用转换成本、购买相关产品的成本的总和。事实上，只有消费者愿意付出，交易才能成功，因此房地产营销价格要由过去开发商决定的价格，转换成客户所能接受的价格。对此，在确定价格之前，很有必要对烟台相应区域的人们做个问卷调查。房地产开发商想占有更高的市场份额，取得更高的利润，就必须提高生产技术、降低成本、使营销手段上升到一个新的水平。

### 3. 沟通（Communication）

4C 理论强调企业与消费者之间的相互沟通，实现双赢。以消费者为导向能使企业实现竞争的差异性和培养企业的核心竞争能力。烟台房地产营销要由传统的企业说服、劝导消费者转变为追求企业和消费者的共同利益；同时强调两者的双向沟通，让消费者在整个过程中参与互动，实现信息的传递以及情感的交流，有效建立和维持与消费者的良好关系。

### 4. 便利（Convenience）

便利就是要给顾客带来全面的服务。在销售前，企业要让顾客方便快捷地了解到产品的信息；在产品销售中，要保证消费者在购买时的便利，让消费者轻松、方便地购买企业的产品；在销售完产品之后，要给客户提供满意的售后服务，让顾客感受到超出想象的产品价值。企业要不断完善房地产产品销售前后的各个细节，提供全面真实的资料和信息，尽量给予消费者提供最大的便利，这样才能首先赢得消费者的认可。对于烟台地区来说，房地产商可采取的具体措施有：在市区几个大的商场开展房屋设计和住房知识的普及活动，例如振华国际、大悦城等；在各个区设立的销售网点并通过网络进行双向交流，使电话订购、网上订购与面对面订购同步实施；为顾客提供看房直通车，以及进行全程服务代理等。

## （三）在网络营销中塑造品牌

在这个人人都离不开互联网的时代，利用网络营销进行推广无疑是一个有效的手段。房地产企业要加大网络营销的力度，让人们打开电脑、拿着手机就能看到企业的产品广告，微信扫一扫就能看到全面的信息，大大提高推广效率。

提高品牌知名度是增强企业核心竞争力的关键，房地产企业的品牌塑造是一个比较难的过程，因为企业不可能让所有消费者都体验到它们的产品，而品牌在现在的市场竞争中起着至关重要的作用。面对这样的情况，将网络营销与品牌塑造结合起来是一个有效、可行的方法。

## 五、结 论

当前，人们对我国房地产未来命运的热议仍在继续，政府对房地产行业的宏观调控也从未松懈，又面临着经济下行的压力，房地产市场的发展走势以及房地产产品的价格走势仍然是全国人民所瞩目的焦点。烟台房地产企业能否在此情况下持续发展下去，取决于能否科学制定适应当前市场形势、适应企业发展现状的营销策略。

《市场论坛》2014年第11期

# 山东省"蓝色经济区"背景下胶东半岛海洋经济发展比较分析
## ——以烟台、青岛、威海三地区为例

刘万辉 李 爱

2011年，国务院规划的"蓝色经济区"是"十二五"开局之年第一个获批的国家发展战略，也是我国第一个以海洋经济为主体的区域发展战略。蓝色经济区范围包括山东全部海域和青岛、东营、烟台、潍坊、威海、日照6市及滨州市的无棣、沾化2个沿海县所属陆域，海域面积15.95万平方公里，陆域面积6.4万平方公里。胶东半岛地区，是山东半岛蓝色经济区核心区域，以青岛为龙头，以烟台、威海等为骨干。提升核心区域的发展水平，对于山东半岛蓝色经济区加快发展、优化产业结构、提升总体竞争力，具有重要的拉动作用。如今三年多的时间过去了，青岛、烟台、威海在"蓝色经济区"的机遇下，各方面发展如何，尤其是海洋经济，在比较分析之后，三地区可以取长补短，互通有无，更好、更快的发展。

## 一、海洋经济发展的区位优势

### （一）青 岛

（1）海洋科技存在专业优势和人才积淀。

截止2010年年末，青岛共有各类大专院校28所（含民办高校），其中普通高校25所，在校学生27.9万人。全市共有各类文化机构465处。青岛是一座海洋科技城，被确定为首个国家技术创新工程试点城市。驻青省级以上海洋科研机构占全国的40%以上，高层次海洋科研人员占全国的30%左右，涉海院士占全国的42%。青岛拥有中国海洋大学、中国科学院海洋研究所等28家海洋科研与教育机构和20个部委级重点实验室。

（2）优越的地理位置。

青岛是太平洋西岸重要的国际贸易口岸和海上运输枢纽。始建于1892年的青岛港，与世界150多个国家和地区的450多个港口有贸易往来，拥有可停靠15万吨集装箱船舶的集装箱码头，可停靠30万吨级船舶的矿石码头、原油码头和10万吨级的煤炭码头。2012年，港口吞吐量达到4.15亿吨（外贸吞吐量2.89亿吨），集装箱吞吐量1 450万标准箱。青岛还是沿黄河流域最大的出海口，地处华北经济区和华东经济区的结合地带，与东北经济区跨海相连，与朝鲜、韩国、日本隔海相望，是我国的五大外贸口岸之一。

（3）雄厚的经济实力。

青岛是中国首批14个沿海开放城市之一。先后与61个国外城市缔结为友好城市或友好合作城市，有2 000多家海外商社、公司和金融机构在青岛常设办事机构。巴基斯坦的海尔-鲁巴经济区是中国首个境外经贸合作区。2013年，实现外贸进出口总额732亿美元，出口额超过400亿美元。外商直接投资到账46亿美元，累计有111家世界500强企业、219个项目落户青岛。完成境外投资额10.1亿美元、对外承包工程营业额33.2亿美元，同比分别增长110%和130%。

## （二）烟　台

（1）地理优势显著，地区经济持续增长。

烟台作为山东省唯一地处黄、渤二海的城市，地处山东半岛中部，北与辽东半岛形成环抱渤海之势，突出在黄海之中，向西可以辐射山东省腹地，是连接东北和华北、华东经济区的重要节点城市。烟台市东连威海，西接潍坊，西南与青岛毗邻，是华北及山东的重要出海通道，是环黄渤海经济区域的重要组成部分。

烟台海洋自然资源丰富，具有较大开发潜力的优势海洋资源有港口资源、旅游资源、海洋养殖资源、海洋矿产资源等。"十一五"以来，烟台市海洋产业获得较快发展，海洋产业结构不断优化。烟台市与日本和朝鲜半岛隔海相望，一衣带水，历史交往悠久，文化背景相似。烟台位于中国与日本和韩国经济合作的前沿，烟台在吸引外资上，韩国和日本是主要的投资国家。

（2）海洋科技人员充裕。

社会经济发展条件良好，为烟台推进、发展海洋产业，提供了较为优越的外部经济环境和强大的智力支撑。烟台2010年普通高等院校10所，在校学生14.64万人。有中科院海岸带研究所、烟台大学、鲁东大学、山东工商学院、烟台职业学院等高校院所。中科院烟台海岸带所是全国唯一的专门研究海岸带综合管理的研究院所，海岸带综合管理是海洋经济可持续发展的重要途径，对海洋资源集约化开发和可持续利用意义重大。

（3）烟台-威海组团协同发展。

两地组团协同发展，打造中国东部沿海地区的重要城市群，为海洋经济集聚发展提供战略支撑。烟台-威海组团，将加快推进烟台国家创新型城市建设，进一步提升烟台、威海的中心城市地位，充分发挥与日韩经贸联系密切的优势，大力发展外向型经济，促进海洋高端产业集聚发展，建设成为我国重要的海洋产业基地。烟台、威海两地也可以更快的缩短与青岛的差距。

## （三）威 海

（1）威海区位优势突出。

威海港是我国北方著名的天然良港，自然条件优越，常年不冻不淤，四季通航。位于胶东半岛最东端，北跨渤海同东北三省老工业区相连，东越黄海与韩国经济中心区相通，是我国距韩国西海岸最近的沿海主要港口，也是我国大陆通往韩国、日本、朝鲜及东南亚国家便捷的出海口，优越的地理位置和良好的港口条件使威海港在我国沿海港口中独具特色，港口发展极具潜力。

（2）丰富的海洋资源。

威海具有丰富的海洋渔业、矿产和近海生物资源，是全国最大的水产加工基地，山东省最大的海珍品养殖基地，全球最大的海带养殖基地。2010年，全市实现海洋产业产值1 230亿元，海洋产业增加值603亿元，水产品加工产值248亿元，连续多年居全国地级市首位。威海是全国重要的海水养殖基地，海参、海带产量居全国首位。通过走规模化发展、集团化经营的道路，威海崛起一批渔业龙头企业群体，全市年产值过亿元的渔业企业超过40家。威海拥有中国城市中最长的海岸线，海域广阔，浅海和潮间带有丰富的生物资源。

（3）对韩优势。

作为中国距离韩国最近的城市，威海具有其他城市无法比拟的地缘、交通、产业、文化基础优势。这些优势使威海与韩国的"同城效应"越来越明显。数据显示，在威海的外商投资中，有40%以上来自韩国，而30%以上的外贸进出口贸易都与韩国有关。目前，全市在韩国投资且正常运营的项目共28个，合计中方投资额7 550万美元，涉及交通运输、水产养殖加工、纺织服装、电子等多个领域。

## 二、海洋经济问题凸显

总的来看，青岛、烟台、威海三城市海洋产业的雷同化现象比较明显，在相互竞争中，资源浪费严重，环境透支过度。烟台、威海海洋产业发展迅猛，并且有的已经初步形成规模，受"洼地效应"的影响，周边城市的蓬勃发展势必会给青岛的海洋产业发展带来一定的挑战。

（1）海洋生物制药等新型产业发展相对缓慢。

如传统产业的海洋水产业、海洋交通运输业在海洋产业体系中仍占主导地位，而海洋生物制药等新兴产业发展相对缓慢，在海洋产业中所占的比重偏低、规模偏小。一方面是缺乏专业技术人才，另一方面是尽管未来市场前景乐观，但当前产品反响冷淡。

（2）海洋生物受旅游业影响严重。

由于青岛水上运动较多，如滑水、帆船、游钓等，而这些活动的时间主要集中在夏季、假期和周末，导致海滩人口密度及二氧化碳的排出量过大，而游客中不乏素质低下者，乱扔垃圾、踩踏滩涂等现象非常严重，这些都会影响到水生生物种群的生存环境。青岛、烟台和威海都存在相同的问题，即由于三地区临海的优势，吸引游客的很多项目都是在海上和海边进行的，比如海上游艇、潜水、冲浪、海边烧烤、篝火晚会等，这些都对海洋生物的生存环境造成了严重威胁，海上项目压缩、限制了鱼类等的活动范围，海边经营的烧烤等，一方面烟熏火燎对空气产生污染，另一方面用完丢弃的各种垃圾（海鲜壳、酒瓶、烟头等）没有被清理或带走，有些甚至被扔到或被水、风冲到海里，日积月累这会对海洋生物造成极大的污染。近年来，海洋鱼类锐减，有的鱼种濒临灭绝，就充分说明了这类问题的严重性。

（3）与青岛相比，烟台海洋经济发展水平较低。

虽同为首批沿海开放城市之一，但烟台发展相对缓慢，目前仍处于粗放型增长方式，海洋产业仍以传统的海产品加工为主流，海洋经济发展的层次有待提高。

另外，烟台政府在蓝色经济区的规划下，总是感觉"雷声大，雨点小"，或许对海洋经济有很多规划和投入，但三年时间过去了，目前海域上"动作"不多，让百姓看到的成果较少。政府、企业和科研机构之间缺乏有效整合，难以形成合力。

（4）与青岛、烟台相比，威海发展相对缓慢。

由于地理位置和城市定位的限制，威海更多的是集中于海洋旅游业和传统的渔业加工出口。尽管经济发展缓慢，但换来的是好的居住环境，是中国第一个国家卫生城市；是中国首批国家环境保护模范城市之一；2003年，获得全球人居领域最高奖项《联合国人居奖》；2006年荣获联合国《最适合人类居住城市》奖；2009年被评选为国家森林城市。目前，我国很多城市陷入"雾霾"困境,威海的空气和居住环境也越来越成为吸引游客的关键因素之一。

(5)三个地区对待海洋经济的态度,更多的是索取而忽视了投入。

海洋的生物和环境是需要维护的,在经济利益的驱动和政绩的指挥下,各地政府只是单纯地向海洋"要东西",渔业加工与出口、海洋石油的探测和开采无不属于这一类。长期掠夺式海洋开发所造成的资源退化和环境损害,海洋也"不堪重负",当海洋被掏干之时,就是人类后悔莫及之时。

## 三、海洋发展侧重不一

青岛、烟台和威海所处经济阶段不同,经济发展水平不同,发展过程中遇到的问题也不尽相同,因此,运用的方式和解决的重点就有所不同。

### (一)优化青岛海洋产业结构

(1)加快青岛海洋产业的高度化。

随着人们生活水平的提高,人们对海洋产品的品质和要求越来越高,传统海洋产业已经遇到"瓶颈"。增加海洋产业的高附加值,建成以海洋生物技术为主的"海洋硅谷",形成以海洋活性物质提取、海洋药物、海洋生物材料、海洋精细化工、海洋水产苗种等为主导产业的海洋科技产业。要加强企业研发平台的建设与培育,进一步扩大与重点院校的科技合作,积极推进产业技术创新战略联盟的构建。

(2)渔业方面,突出发展特色渔业,搞好科技兴渔。

既利用好本地特色鱼种,还可以适当引进、培育一些有市场需求、有前景的鱼种、鱼苗。

### (二)提升烟台海洋产业的竞争力

(1)政府要加大海洋科技投入。

烟台海洋产业偏重于传统渔业,要加快整个海洋产业的高度化和合理化,就要依靠海洋产业发展的科技支撑力量。渔业是海洋产业的基础,也是需要科技武装的"重灾区"。加大科技投入力度,改善科技投入结构,应从政府、企业等多渠道继续加大烟台的科技投入力度。

(2)涉海中小企业遭遇融资难等问题。

任何一个大型的企业、集团都是由小企业慢慢发展、壮大来的。但小企业在其发展过程中,往往会遇到很多问题,如资金、市场、生产等,政府应引导中小企业进行良性互动发展。

（3）为海洋经济发展提供人才储备。

要做好"引、培、用、留、激"五个环节的工作。引，就是要加大引进力度，拓宽引进渠道。培，就是要重视科技人才培养。用，就是人尽其才。留，就是能留住人才。激，就是要重视对引进人才的激励。

### （三）威海实现海洋经济由资源开发型向加工增值型转变

（1）保护修复渔业资源。严格禁渔区和禁渔期管理，有效控制、压减沿岸水域和近海捕捞强度。使海洋生物得到休养生息的时间，让海洋鱼类繁殖、成长，这才是海洋经济可持续发展的基础和根本。

（2）依托丰富的海洋文化资源，重点扶持一批大型骨干海洋企业，激励企业加快发展，打造符合海洋特点的科学管理机制，形成一批具有创新能力和竞争力的海洋产业集团。威海传统的渔业加工企业需要转型升级，生产向精细化发展，产品向高附加值发展，企业向集团化发展，这是威海海洋类企业的规划之路。

### （四）在发展海洋经济的同时保护海洋生态环境

海洋生物的繁衍生息、海洋资源的合理开发，是海洋经济可持续发展的根本。海洋生态环境的保护和治理是海洋开发和利用的前提和条件。所以维护海洋环境是每个临海城市的责任和义务，要做到"边预防，边治理"，这既是政府的工作，也是我们每个居民的事情，因为这是我们共同的家园。

## 四、结　语

青岛、烟台和威海这三个城市，他们的区位优势和城市定位，就决定了他们在发展过程中，总是会被模仿、会被比较、会有竞争。一方面，三个城市都在借助"蓝色经济区"这个平台，大力发展自己的海洋经济，优化海洋产业结构，做大做强海洋企业集团；另一方面，他们对海洋过度开发，海洋遭受工业污染，海洋滩涂污染较重。我们希望三个城市能够共同面对海洋，合理发展海洋经济，互通有无，互相学习，最大限度地利用和保护好海洋这一不可再生资源。

# 山东省物联网产业技术创新路径探索

赵小芳　陈姝颖

## 一、引　言

目前，物联网产业正逐步成为全国各地战略性新兴产业发展的重要领域。山东省作为国内首批物联网产业试验田之一，起步较早，其中山东的传感器产业、RFID 产业、集成电路产业还有通信业都已具备了相当的产业基础。但是与江浙粤等先进省市相比，后劲发展不足，缺乏领先的核心技术，没有知名的产业品牌，产业应用规模不大，产业创新能力不强，仍处于产业发展的导入期。

创新是新兴产业发展的动力源泉，新兴产业创新的核心是技术创新，只有在产业核心技术上实现了突破，才能够打破产业瓶颈、实现产业快速发展。山东省作为信息化程度相对不高的地区，在物联网产业发展过程中，技术层面是不可逾越的障碍。为此，要加快推进山东省物联网产业的发展，提升山东省信息产业核心竞争力，推动创新型省份的建设，需要对山东省物联网产业的技术创新进行研究。

## 二、国内外物联网技术研究现状

目前，国际上对物联网技术发展路线的研究主要集中在两大方向上：一是以追求技术的突破为目标，主要以欧洲为代表，大力发展传感器节点核心芯片、嵌入式操作系统、智能计算等核心技术；二是以追求技术成果加快应用为主攻方向，主要以美国为代表，主要进行标准制定和加快产业化进程，如在智能电网、智能铁路、智能高速公路等基础设施上进行应用。美国高通公司还制定了联网产品发展路线图，其高端产品主要面向高端 M2M 应用，如汽车信息娱乐和数字标牌。

国内对物联网的集中研究出现在 2009 年以后，其中对于物联网产业技术创新的研究主要有：王斌义（2010）运用改进的 A-U 模型，提出了实现物联网产业的跨越式发展技术创新路径；乔海曙、谢璐芳（2011）提出通过打通产业链供应渠道、聚焦核心技术突破、推动技术成果转化等方式来实现产业突破发展；纪志成、王艳（2011）从协同创新的视角研究我国物联网产业的技术创新能力，构建多学科交叉的协同创新平台。在此研究基础上，我们进一步探索适合山东省物联网产业发展的技术创新路径。

## 三、基础概念

国务院在2013年2月发布了《关于推进物联网有序健康发展的指导意见》，提出2015年初步形成物联网产业体系，实现物联网在经济社会重要领域的规模示范应用，突破一批核心技术。要推动物联网及物联网产业科学发展，必须建立在对物联网及其物联网产业的正确认识基础之上，建立在对物联网架构、物联网产业链的科学分析基础之上。

### （一）物联网架构

时下比较认可的物联网架构分为三个层次：感知层、传输层和处理层，各类应用都是基于这个架构之上构建的，如图1所示。

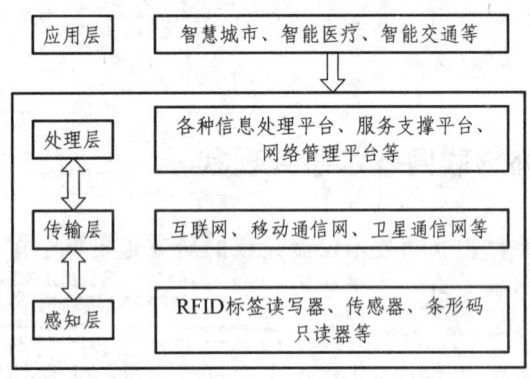

图1 物联网三层架构图

其中，感知层用于对物体进行标识和信息采集；传输层利用现有的各种网络通信技术对感知层的信息进行数据接入和网络传输；处理层对感知的信息进行处理和控制。物联网在社会、生活、经济等的应用都是基于三层基本架构上进行的。

## (二)物联网产业链

物联网产业链是基于三层架构认知之上的,完整的物联网产业链主要有:物联网产业链上游,包括感知终端提供商、通信设备提供商、计算机软件及设备提供商;物联网产业链中游,包括感知终端集成商、网络设备集成商、网络服务商、系统服务商和应用集成商等;物联网产业链下游,包括网络运营商、测试认证、管理咨询等行业。

## (三)物联网技术体系

物联网技术体系主要包括:感知系统、通信系统、计算系统、数据海系统、控制系统等技术领域,这些技术可分为关键技术、共性技术和支撑技术。其中,关键技术包括感知技术、网络技术和应用技术;共性技术包括物联网不同层面的技术,具体为网络架构技术、物品标识和解析技术、网络安全和网络管理技术等;支撑技术包括嵌入式系统、微机电系统、软件和算法、电源和储能、新材料技术等。

## 四、山东省物联网产业技术创新路径

山东省物联网产业尚处于导入期,存在商业模式未定、技术标准不一等共性问题,同时在产业规模提升、产业链培育、关键核心技术研发以及机制建设、规划和政策引导等方面也存在许多矛盾和问题。为了更好地推动山东省物联网产业发展,需要充分认识当前发展现状并结合不同技术的特点,选择适合自身发展的技术创新路径。

关键技术的掌握对发展山东省物联网产业的发展至关重要,只有掌握了核心知识产权,形成一批关键技术专利,才能迅速占领物联网产业发展的高端环节,使物联网成为我省转方式调结构的新亮点和助推器。尽管山东省物联网产业的发展具有一定的先机和优势,但是由于山东省整体信息化程度不高,相关物联网企业规模偏小,产业链不完备,核心技术研发能力低,与江浙粤等先进省份还存在一定的差距,因此在关键技术上走完全自主创新的原始创新路径风险高、可行性低。对于当前山东省物联网产业发展的形成期,可先采用对国内外先进技术并购的路径,以获取先进技术资源,并把这种外部资转化为内部技术资源,实现内部技术资源结构升级,从而达到快速掌握核心技术,并加速其商业化进程,提高核心技术竞争力。例如,对于感知关键技术中的集成电路产业，山东华芯公司就是一个很好的例子。山东华芯公司收购奇梦达西安研发中心，对其核心技术进行消化吸收升级，其自主研发的 65 纳米存储器成为我国首款具有自主知识产权的产品。2010 年该公司还成功收购了海外一条十二英寸集成电路封装测试生产线，有效提升了山东省的集成电路封装测试技术。

  对于关键技术我们并不能完全依靠技术并购路径，对于一些芯片设计和制造技术还可以采用引进消化再创新的路径，从国外发达国家和国内其他先进省份引进自身发展需要的先进技术，运用各种科学分析研究手段，对该技术进行学习、解密，最终对其进行掌握，在此基础上进行再次自主创新，转化为自主知识产权的技术和产品。此路径的技术研发成本低，风险小。例如，在我省的 RFID 产业中，东港印务是我国第一个引进德国妙莎电子封装生产线的企业，该企业通过二次技术创新具备了相当的自主创新能力，实现了新产品的规模化生产，带动了整个产业的发展。

  当技术有了一定的发展之后，可进行集成创新路径，即根据市场的需求和自身所掌握的创新技术，采用系统工程的理论和方法，将内部创新要素和外部创新要素有机结合起来，进行创新要素集成，创造出功能更强、技术更先进的自主知识产权的产品。此路径尤其适合于我省的软件及信息服务产业，我省的软件与信息服务产业具备一定的技术水平和研发能力，其收入位居全国第 4 位，出现了一批具备相当实力的公司，如浪潮、中创等。在依托我省的这些知名企业、科研院所、高校和企业的同时，吸引国内外的知名企业和研发主体进行集成创新，突破一批核心技术攻关。

  当前山东省物联网产业的发展，与构筑"智慧山东"的任务和目标相比还有很大的差距，为此，我们在充分考虑山东省作为制造业大省的产业基础和优势同时，结合山东省信息化程度不高的劣势，探索适合山东省物联网产业发展的技术创新路径，以期为山东省物联网产业的发展提供一些建议。

《中国科技信息》2014 年第 10 期

# 潍坊市工业经济现状及对策分析

朱晓斐

## 一、潍坊市工业规模

潍坊市工业已经具有一定的规模。今年以来,山东省潍坊市工业企业围绕着"一一七三"思路举措,以提高工业经济增长质量和效益为主题,积极发展,工业经济实现了首季开门好。全市工业增加值同比增长13.6%,增幅居全省第五位;工业用电量达72.78亿千瓦时,居全省第一位。工业经济保持了强劲的发展势头。2013年第一季度,潍坊市规模以上工业企业实现主营业务收入2 577.4亿元。同比增长18.7%。利税总额184.6亿元,同比增长17%,利润总额123.6亿元,同比增长17%。我市实现了工业发展的历史性突破,标志着工业发展迈上了新的台阶,进入了新的发展时期。

## 二、主要行业现状分析

### (一)纺织、制造业

纺织工业是潍坊的传统工业,经过60多年的开发建设,形成了化纤、棉纺、织布、印染、服装一条龙的生产体系,成为了山东省重要的纺织工业基地。潍坊机械工业已有90年的历史,主要以农机、内燃机为主,曾有"动力城"之称。2013年,纺织服装行业因棉花价格下降,利润大幅增长。217户企业实现营业收入163.5亿元、税金8.4亿元,同比分别增长1.7%、4.5%,实现利润11.2亿元,同比增长88.6%。2013年第一季度,达到工业总产值2.89亿元,同比增长5.7%。2013年有346户机械制造企业实现营业收入468.2亿元、税金21.3亿元,同比分别增长9.5%、26%,实现利润30.8亿元,同比下降1.3%。

### (二)电子信息工业

潍坊是全国26个电子工业中心之一,在2008年,全市规模以上电子信息产品制造业、软件业企业共 152 家，实现主营业务收入 92.06 亿元，利润 7.02 亿元，利税 9.01 亿元，出口交货值 21 亿元。已形成电声器件、光电子、软件与信息服务业三大产业集群，并且为载人航天工程做出积极贡献；软件与信息服务业规模实力迅速提升，自主创新能力显著增强。在 2013 年上半年，29 户电子信息企业实现营业收入 46.4 亿元、利润 7.3 亿元、税金 2 亿元，同比分别增长 20.5%、40.1%、14.6%。

### （三）医药及食品加工工业

潍坊市医药工业经过多年发展，形成了从原料生产到制剂加工，门类齐全、配套成龙的生产体系。其中生产的中西药品、医疗器械、卫生材料、药用辅料、制药机械等在国际上具有较强的竞争能力。潍坊市食品加工工业在"十一五"期间以来，得到了急速发展，已成为加工层次多样、产业水平高、规模化进程快、具有较大规模及其竞争优势的产业之一，是全国重要的农副产品生产加工和出口基地。2013 年第一季度，医药及食品加工工业实现工业总产值达到 7.11 亿元，同比增长 11.80%。

### （四）建材工业

建材工业是潍坊市 6 大支柱行业之一，经过"六五"、"七五"、期间的重点发展，潍坊市建材工业已初步形成了以水泥和建筑陶瓷生产为"龙头"，水泥制品、非金属建材产品相应发展的建材工业体系。"潍坊牌"水泥在国内外市场享有较高声誉，已出口韩国和东南亚各国；建筑陶瓷产品产销量在山东省同行业中居首位。目前，发现建材及非金属矿物３０余种，且储量较大。据统计，2013 年第一季度，因产能过剩、市场低迷，利润和税收大幅下降。有５９户建材企业实现营业收入 37.2 亿元、利润 2.6 亿元、税金 2.4 亿元，同比分别下降 2%、31.3%、1.5%。

## 三、存在的主要问题

从统计数据看，多数工业经济市场比较平稳，主要存在机械、纺织、化工等占大比重的传统行业产业结构传统化。同时，在当前的经济条件下，货币政策偏紧导致融资难且融资成本比较高、人工费高、企业成本加大等问题。

## （一）企业融资成本比较高

受到国家信贷政策的影响，大部分的工业企业存在融资难、融资成本高的问题，特别是中小企业，融资状况不佳。据统计，上半年，财政部门调度的1781户企业发生利息支出40.4亿元，同比增长22.9%，高于营业收入增幅15.6%。利润下降的主要原因是融资成本较高，发生财务费用14.8亿元，同比增长17.3%，高于营业收入增幅10.4个百分点，其中利息支出7.3亿元，同比增长35.4%。

## （二）市场供大于求的局面依然存在

当前，在我国市场中工业产品供过于求，纯碱工业过剩20%，钢铁工业过剩21%，汽车工业过剩12%，水泥过剩28%，因此，潍坊市盐化工、冶金行业、汽车、水泥等工业受产能过剩影响较大。今年纯碱销售价格1 089元/吨，比年初下降38元/吨，同比下降197元/吨；钢材4 200元/吨，比上月下降150元/吨，同比下降350元/吨；水泥销售均价300元/吨，同比下降57元/吨。全市生产汽车11.2万辆，同比下降6.4%。这些都是影响工业发展的外因。

## （三）企业经济环境不乐观

受国际经济形势复苏缓慢和国家宏观调控影响，部分行业还面临着低谷状态，主要表现在建筑、纺织、食品加工出口等行业。虽然近期国际棉价有所提高，但国内与国外棉价仍有3 000元的差价，因此造成潍坊市纺织产品出口不具竞争力，1至3月份全市纺织服装出口金额仅增长0.8%，导致以低档纺纱织布为主的中小企业生产经营困难。另外，禽类产品加工前景也不乐观。自H7N9（甲型禽流感病毒的一种类型）发生以来，据悉全国范围内近期活禽及制品的销售量同比下降近20%，我市的禽类加工企业生产经营也受到影响。

## （四）中小企业盈利能力下降

今年来，原油价格较高，职工工资保险提高，原材料、土地价格上涨，企业成本相应提升。其中，人工成本同比上涨10%~15%。1 159户中小工业企业营业收入536.1亿元、实现税金22.3亿元、上缴税金23亿元，同比分别增长6.9%、5.5%、5.6%，比一季度分别回落6.6、4.9、0.4个百分点，其中上缴税金增幅高于工业平均8.5个百分点，营业收入和实现税金增幅分别低于工业平均 0.6、8.8 个百分点。实现利润 17.6 亿元，同比下降 14.1%。利润率为 2.97%，低于工业平均 2.37 个百分点。

### （五）整体规模偏小

潍坊工业经济总体规模偏小，以 GDP 来衡量，占省内第五名，没有高利润的终端产品，另外骨干企业多数为资源密集型和劳动密集型，中间工业产品居多，盈利能力小，品牌响亮的终端产品较少，再加上中小企业数量多，竞争能力差。

## 四、对策及建议

### （一）进一步完善招商引资政策，加大招商力度

按照"人无我有、人有我优"的原则，完善工业投资激励政策，提高我市工业竞争力。认真研究世界 500 强企业和国内 100 强工业企业的发展之路，建立联系，主动搞好招商服务，实现对接。同时，可在全国范围甚至是全球范围内，引进龙头企业或者协作配套项目。

### （二）加大创新力度，支持工业转型升级

通过创新驱动、大企业带动、人才支撑、品牌创建、"两化"深度融合，促进技术研发，全面提升研发水平和能力，推动新兴产业创新突破、工业产业转型升级，有效提升高新技术在传统产业中的比重、非加工环节在制造业中的比重和新兴产业在制造业中的比重。另外，加大科技培训力度也是加大创新力度的重中之重。要运用高科技技术、现代信息技术提升传统工业，支持工业企业改建，增强工业企业的创新能力及其核心竞争力，推动新型工业化的进程。

### （三）调整产业结构，促进工业经济发展

在调整产业结构的进程中，我市"因企制宜，因项目而宜"，对传统行业重新布局，同时加快新兴产业投资生产。在对传统产业进行改造的过程中，需要完成以对设备更新、单个企业改造、单纯的生产制造环节发展到对生产

全过程的总体改造、整个产业链的配套改造、向研发、设计、营销、服务等领域延伸的改造，同时实现由分散布点企业的改造发展到促进工业专业化、规模化，从而形成以高新技术产业为主导、基础产业和制造业为支撑的工业经济体系。

### （四）实施人才战略，构筑潍坊人才高地

在信息泛滥、商品供过于求、竞争激励的时代，保证高素质人才的充足供给已成为实现工业可持续发展的基本保证，人才已成为至关重要的因素，但是高素质的人才稀缺性在潍坊工业经济中日益凸现。因此，潍坊市要实现工业经济发展，首先要建立多层次的人才保障体系。在引进人才的同时，更要重视潍坊高等教育的发展与传承，不仅要服从于当地经济发展，培养高素质的人才，更要充分发挥潍坊各高校以及一些科研所科技力量的作用，使之尽快转化为生产力，从而推动潍坊市工业经济的发展。

## 五、总　结

厚积薄发的潍坊作为一个地级市，具备基础雄厚的工业经济和良好的自然资源、地理区位、土地优势、水资源优势、交通优势，同时再加上"蓝黄"两大国家战略的深入实施，从而构筑起了潍坊加速崛起的优质高端综合平台，因此潍坊后发优势开始日益凸显。我们相信，今后潍坊的工业经济将会更上一层楼。

《现代商贸工业》2014 年第 4 期

# 加快烟台中心城市建设 全面提升城市竞争力

程 磊 周晓艳 张 伟

城市建设作为影响城市竞争力的重要因素，担负着为城市经济社会发展提供载体和支撑的重要作用。围绕加快烟台中心城市建设、提升城市竞争力，进行了一些思考。

## 一、近年来中心城市建设状况

作为一个组团式城市，长期以来，烟台市各区之间结合不够紧密，中心城区辐射带动能力不强，而且作为一个整体城市的形象也不够明显。这一状况严重制约了城市规模的扩张和城市经济的发展。为此，烟台市委、市政府相继采取了一系列措施，从政策、体制等方面加快推进中心城市建设。经过近年来大规模的集中建设，烟台中心城市建设取得显著成效，城市竞争力得到极大提升。

（一）基础设施不断完善，城市功能显著增强。

按照拓展东西两翼、贯通南北山海，形成山、海、城、岛于一体的组团式海滨城市这一总体目标，烟台市持续加大了基础设施和公共设施建设力度，组织实施了一大批城市道路、绿化、垃圾处理等城建重点工程，中心城市发展框架迅速拉开，城市承载能力显著提升。截至目前，中心城市建成区面积扩展到 265 km$^2$，路网控制面积增加了 350 km$^2$，路网密度达到 3.3 km/km$^2$ 以上。

（二）市容环境明显改观，城市形象大大提升。

坚持把城市形象作为城市竞争力提升的一项重要内容按照高起点规划、高标准建设原则，高水平建设了 80 km 滨海观光带、国内一流大型体育公园、国际博览中心、文化中心、新火车站，现已成为烟台新地标。与此同时，结合对旧城区环境综合整治，进一步加大了对背街小巷的治理力度，城市环境得到显著改善。

（三）城建体制理顺到位，长效机制日渐形成。

按照充分调动市、区两级积极性的原则，对城建管理体制进行了调整理顺，将中心区重大基础设施项目纳入市级予以调度，统筹发展、协调发展的效果逐步显现。同时，坚持规模膨胀与产业提升同步推进的原则，超前做好城市发展空间规划，大力加强重大基础设施建设，进一步提升了中心城市的辐射带动能力，为把烟台打造成为区域性中心城市创造了条件。2004年以来，烟台市先后荣获联合国人居奖、中国人居奖、中国最佳魅力城市，成为三届全国文明城市、五届全国社会治安综合治理优秀城市的获得者。

## 二、存在的问题和面临的形势

（一）统筹发展意识差，辐射带动能力不强。

受财税体制、投入机制等因素影响，五区城市建设发展明显不平衡，特别是区间融合相对薄弱，在基础设施、资源共享、产业布局等方面各自为政，严重制约了中心城市辐射带动作用的发挥。

（二）城市特色不突出，产业发展载体效果不明显。

烟台是滨海型城市，大海就在市中心，山海相连、山水相接，是烟台得天独厚的优势；烟台还是北方最早的开埠城市，历史文化底蕴丰富，具有所城里、朝阳街、白石遗址、张裕酒窖等人文资源。但在我们的城市建设中，却没有反映出文化的特色，缺少对文化、对历史的展示与传承。同时，目前除工业园区配套相对完善外，商贸、旅游、金融、物流、服务外包等相关产业的设施配套均相对分散、缺乏整合，城市建设对产业发展的载体支撑作用不强。

（三）老城改造压力大，新区开发建设缓慢。

通过近年来的持续整治，芝罘老城环境明显改善，但随着人口的不断增长和机动车的迅速增加，人口和交通压力也越来越大。与此同时，莱山新区、黄务新城因基础设施、公共设施建设相对滞后，还无法发挥应有的产业、人口集聚和吸纳作用。

## 三、思考和建议

今后一个时期,烟台的城市建设应以打造宜业宜居的现代化滨海旅游城市为目标,按照加快五区融合的发展思路,围绕调整产业布局和促进结构升级,进一步加大基础设施建设力度,全面提高中心城市的承载能力和辐射带动能力,不断丰富内涵、提升品位、塑造形象,为城市经济发展提供强力支撑。

### (一)立足完善城市综合功能,着力提高规划建设档次。

规划是城市建设的"基石"。在今后的城市建设中,应综合考虑烟台经济社会发展需求和未来发展趋势,留足发展空间,并充分体现自然景观、地域文化和产业特色,确保规划的超前性和科学性。对老城区,应重点对规划区内道路、排污、园林绿地等基础设施进行全面统筹规划,使地面建筑与地下设施、平面布局与立体景观、经济效益与环境质量等协调统一,做到布局合理、设施配套、功能完善。对新城区,应结合交通区位、周边产业转移等要素,把行政办公、交通物流、教育医疗、商贸服务等项目一次性规划到位。当前,应发挥好规划的龙头作用,打破行政区划和原有建成区的界限,在更大范围内超前进行空间布局、产业定位和结构调整,做好各规划间的配套衔接工作。按照适度超前规划、提高城市品位原则,进一步细化中心城市各大组团规划的强制性和指导性内容,加强资源整合,促进要素集聚,推动市区融合。

### (二)立足提升承载支撑能力,着力加快基础设施建设。

(1)应加快基础设施建设。继续把路网建设作为基础设施建设的重中之重,重点完善城市主次干道建设,加快推进旧城区街巷改造,努力形成市内微循环、市郊中循环、区域大循环的交通格局。同时,依托道路建设,扩大水、电、气等基础设施的覆盖范围,逐步实现五区供水、供电、供气、污水等管网的对接。

(2)应完善公共设施配套。统筹建设污水处理厂、垃圾处理场等设施建设,实现资源共享;科学规划建设商业、金融、文化、教育、卫生、体育等与人民群众生产、生活密切相关的各项公共服务设施,提升城市承载力。

(3)应加快新区开发建设。以莱山新区及黄务新城为重点,加快区域内路、水、电、气、通讯等基础设施建设,拉开新城新区发展框架,拓展发展空间，为各类要素集聚和产业布局搭建载体；把房地产开发作为新区建设的重要内容来抓，做到以开发促进建设，以建设引领开发。

## （三）立足提升城市发展品位，着力加快城市特色建设。

城市特色是城市竞争力的重要内容。要以大南山、雨岱山、养马岛、芝罘湾等重大项目建设为载体，进一步突显"山、海、城、岛、河"主题，全面打造"山海风情，人间仙境、魅力烟台"的城市特色，不断提升城市形象和城市魅力。要以滨海路商业步行街、齐鲁古玩文化街、上夼西路美食街等为重点，规划建设一批体现烟台历史特色、风土人情以及民俗文化的特色街区，为发展服务业、旅游业增添新亮点。应本着既尊重历史又考虑现实，既加以保护又重视发展的原则，进一步加快所城里、朝阳街区片保护性开发改造，努力将其建设成为展现烟台形象的城市名片。

## （四）立足增强可持续发展能力，着力破解城建发展瓶颈。

应进一步加大城建融资力度，优化发展环境，形成城市建设与经济发展的良性互动。实施产业带动借外力，抓紧筛选储备一批商贸流通、旅游观光、生态建设等投资回报率高、发展潜力大的重大项目，积极引进国内外有实力的投资商、开发商，参与到烟台的城市建设中。盘活存量资源激内力，搞好国有土地收购储备和招拍挂，放活土地二级市场，增加土地收益，并为开发建设提供足够的用地；加大公用事业改革，吸引社会资金参股、控股一些新建的垃圾处理场、污水处理厂项目，并通过整合现有的有形无形资产包括政府的特许经营权，最大限度地挖掘和盘活城市现有资源。建立融资平台增活力，通过发行建设债券，灵活运用BOT、TOT方式和公共设施经营权拍卖冠名等多种形式，尽快建立起市区两级投入、基础设施有偿使用、社会资金注入等多元化的投融资渠道。

《山西建筑》2013年2月第6期

# 第二篇　老龄社会

第二篇　寺院生活

# 中国城市老年人的收入与消费行为分析
## ——以烟台 1 273 位老人为例

杨晓龙 李 彦 吕如敏

　　从"高出生、低死亡、高增长"到"低出生、低死亡、低增长",人口再生产类型的历史转变在中国实现了,像大多数发展中国家一样,这一过程也是通过行政干预来实现的,这一干预的后果之一就是使中国成为了世界上老年人口绝对数量最多的国家。第六次人口普查结果显示:我国 60 岁及以上人口为 177 648 705 人,占人口总数的 13.26%,其中 65 岁及以上人口为 118 831 709 人,占人口总的 8.87%。同 2000 年第五次全国人口普查相比,2010 年 11 月 1 日零时,60 岁及以上人口的比重上升了 2.93 个百分点,65 岁及以上人口的比重上升了 1.91 个百分点。与此同时,中国的人均国民收入仅为 30 015 元,还远未达到发达国家的水平,中国已经进入了一个未富先老的阶段,而且这样的人口状态还会持续相当长的一段时间。这种状况的持续,最终会使老龄人口的比例越来越高,最终变为一个影响巨大的群体,其收入与消费对总体的影响也会也会越来越大,最终也会使我们的社会消费变得"老龄化",因此,有必要现在就对老年人的收入与消费做一番研究。我国对于城市老年人经济收入的研究,也是按照社会科学的传统分类方式进行的:一是传统的理论制度研究;二是数据分析流派。传统理论制度层面研究以田雪原为代表,主要探讨了快速老龄化对社会发展的冲击、老年人的收入主要有哪些、当代社会政策如何应对快速老龄化的冲击及其消费特征等。这些研究的结论分析了我国老年人在制度政策层面所面临的种种问题,指出应该"建立不分年龄、人人共享的社会"。实证数据分析研究则是以杜鹏为代表,主要是通过对调查、统计数据的分析,指出了影响老年人经济收入的诸多因素和 20 年的主要变化情况以及对老年人生活的影响,该研究指出老年人的经济呈越来越独立的趋势,在城市已有 60.4%的老年人生活的主要来源为离退休金。

　　唐国建、杨晓龙从社会学的社会分层角度,将经济收入作为社会分层的标准,对城市老年人的分化现象给予一定的解释,指出在经济收入上的显著性差异主要是受退休前的职业、身份所左右。

对老龄人口的消费研究，虽然在国际上已经相当广泛和深入，但是在我国国内却刚刚起步。当前国内的老年人消费研究大多以人口整体为研究对象，以西方成熟研究为参考，进行逻辑论证。如关于老年消费者感知年龄的研究，解释了感知年龄对消费的影响，从感觉、视觉、兴趣和行为等4个侧面对中国老年人进行感知年龄维度属性的本土化研究；关于中国老年消费市场的研究，预测了老年消费市场的乐观前景；关于我国老年人消费需求，归纳了老年人的消费特征：更倾向于医疗和保健消费，消费观念也较为成熟合理性，而且是有着一个复杂和多样特点的纯消费阶段。

在以上研究中，无论是理论制度层面研究还是实证研究，都很宏观。前者是就一国的社会保障制度提出要求，后者则是对社会保障的影响因素进行研究，而就一地具体数据进行的典型研究却很少，本文目的就是对以烟台为代表的胶东地区老年人的收入与消费做一个最基本的分析，希望能够为今后的研究尽一份力。

本文数据调查地点为山东省烟台市芝罘区（即老烟台市区），调查对象为60岁及以上的老龄人口，调查样本以随机抽样的方法抽取名单。调查员按名单入户访谈并填写问卷,调查共计获得1 273个住户样本和203个养老机构样本的统计数据，如无特别说明，本文数据均为样本统计结果。

## 一、老年人的收入状况

表1 城区被调查老年人的经济收入状况

| 项 目 | 居家样本 | | | 项 目 | 养老机构样本 | | |
|---|---|---|---|---|---|---|---|
| | 百分比 | 人数 | 累计(%) | | 百分比 | 人数 | 累计(%) |
| 贫困（360元以下） | 34.8% | 432 | 34.8 | 贫困（360元以下） | 32.8% | 62 | 32.8 |
| 中下（360～999元） | 7.5% | 93 | 42.3 | 中下（360～999元） | 5.8% | 11 | 38.6 |
| 中等（1 000～1 999元） | 38.6% | 480 | 80.9 | 中等（1 000～1 999元） | 38.6% | 73 | 77.2 |
| 中上（2 000～2 999元） | 9.7% | 121 | 90.7 | 中上（2 000～2 999元） | 14.3% | 27 | 91.5 |
| 上等（300元以上） | 9.3% | 116 | 100.0 | 上等（300元以上） | 8.5% | 16 | 100.0 |
| 总计 | 100.0% | 1 242 | — | 总计 | 100.0% | 189 | — |
| $N=1\ 273$ | | mean=1 217元 | | $N=189$ | | mean=1 211元 | |

由表1可知，在老年人的经济收入方面，无论是居家样本还是养老机构样本都表现出了相似的规律：低保水平（360元以下）和"1 000到1 999元"之间收入的人口比例占绝大多数，2 000元以上收入的人口比例开始大幅下降，5 000元以上的则是特例了。360元为当年的低保线，1 217元为居家老人收入均值，1 211元为机构老人收入均值。

退休金或养老金是大多数城市老人的主要生活来源，这一点极大地减轻了子女的负担，但子女的供养同样不可或缺。与居家样本相比，养老机构样本中子女负担的要多出12.1%，由表2可知，这主要是因为"360元以下"这一档中绝大部分老人的主要生活来源并不是退休金或养老金，而是子女的供养。

表2 生活来源与月收入分析

| | | 月收入分类 | | | | | |
|---|---|---|---|---|---|---|---|
| | | 困难（360元以下） | （360~999元）中下 | 中等（1 000~1 999） | 中上（2 000~2 999） | 富裕（3 000元以上） | 合计 |
| 主要生活来源 | 居家样本 | | | | | | |
| | 退休或养老金 | 19.4% | 49.5% | 96.2% | 94.2% | 94.8% | 65.8% |
| | 自己的存款 | 9.4% | 14.0% | 1.0% | 1.7% | 2.59% | 5.1% |
| | 子女提供 | 34.4% | 14.0% | 0.4% | 0 | 0.9% | 13.2% |
| | 低保 | 16.2% | 8.6% | 0.6% | 0 | 0 | 6.5% |
| | 其他 | 20.6% | 14.0% | 1.7% | 4.2% | 1.7% | 9.4% |
| | 合计100%人数 | 427 | 93 | 479 | 120 | 116 | 1 235 |
| | 机构样本 | | | | | | |
| | 退休或养老金 | 11.3% | 81.8% | 90.9% | 100.0% | 93.8% | 65.6% |
| | 自己的存款 | 4.8% | 0 | 4.1% | 0 | 6.3% | 3.7% |
| | 子女提供 | 69.4% | 0 | 1.4% | 0 | 0 | 23.3% |
| | 低保 | 6.5% | 9.1% | 1.4% | 0 | 0 | 3.2% |
| | 其他 | 8.1% | 9.1% | 2.7% | 0 | 0 | 4.2% |
| | 合计100%人数 | 62 | 11 | 73 | 27 | 16 | 189 |

360元和1 999元是两个分界线,"360元及以下"的低收入老人们的生活来源呈现多元化趋势,子女在其中是主力军,其次才是"退休金或养老金"。尤其是养老机构中的老人,有68.3%的老人生活来源由子女提供。从"360元以上"开始,在老人的收入来源中,"退休金或养老金"所占的比例越来越大,到了收入在1 999元以上,则开始有一枝独秀的趋势。

可见,"退休金或养老金"在老年人的经济收入中占有举足轻重的地位,它的有无直接关系到城市老人的经济生活水平。养老机构中老人们的这一表现尤为明显,收入低于360元的老人由于缺乏退休金和养老金的支持,他们不得不采取以子女供养为主的多元化的经济支持系统,以维持基本生活。

由表3可得,退休金作为老年人的主要经济收入是有职业(退休前的)差异的。在两个样本中:绝大多数有公职的老人,如干部、专业技术人员和普通工人都有养老金或退休金作为其80%以上的生活来源;而在农业生产者和无业人员的生活来源中退休金和养老金所占比重则大幅下降,下降得越多,子女的支持所占的比重也就越高。与居家样本不同的是,在机构样本中老年人的经济来源更依赖于子女,尤其是退休前职业为农业生产者和无业人员的老人,对子女的依赖度要远高于居家样本的同业老人,分别相差21.4%和26.3%。到此我们可以得出问题的答案了。前面说到两组样本在经济收入方面都有两个集中趋势,即"360元以下"和"1 000~1 999元"这两个区间,使总体收入分布呈现一个"葫芦"型。从其收入来源上看,老人们的养老金或退休金据主要地位,整个群体的收入就是靠其支撑起来的,那些没有或很少有养老金或退休金的老人们居于收入分布的最底层。"葫芦"的第二个肚(上边的那个)应该是以养老金或退休金为主的社会福利干预的结果,使原本的金字塔结构出现变形,但这种干预分配机制依据的是职业身份(由表3可见),而不是老人的"基本需要","农业生产者"和"无业人员"这些最需要帮助的群体——"葫芦"的第一个肚——反而享受养老金或退休金的比例最少,他们是社会的弱势群体,也正是这第一个肚的存在,极大拉低了老年人的平均收入水平。再加上人到老年,劳动收入几近于无,日常收入势必会减少,远达不到人均水平,如2010年烟台城镇职工平均工资为2 849.5元/月,比老人的平均收入要高不少。这些低收入老人(葫芦的第一个肚)的生活艰难,更需要社会保障的帮助。就算是中等收入的老年人在2 849.5元的平均收入前仍然会显得落魄,如果粗略的划分,葫芦的两个肚的老人其实都是远远低于城镇职工平均收入的,就其形状来看也是个倒

"丁"字形,而且都属于底层的那一横,不因为他们是城镇的老人而呈现"中间大、两头小"的形状,这与李强先生的"在城市居民的分布里,中间阶层还是占有相当比例的……总体来看,还是有中间大、两头小的趋势。"论断并不一致。

表3 生活来源退休前的职业再分交叉分析

| | | 干部 | 专业技术人员 | 及普通工人 | 农业生产者 | 无业人员 | 其他 | 合计 |
|---|---|---|---|---|---|---|---|---|
| 居家样本 | 退休金或养老金 | 93.5% | 88.2% | 83.0% | 40.1% | 21.3% | 39.7% | 64.8% |
| | 自己的存款 | 0.9% | 4.9% | 2.1% | 10.8% | 9.2% | 2.9% | 5.1% |
| | 子女提供 | 2.1% | 3.5% | 6.2% | 23.4% | 30.0% | 29.4% | 13.6% |
| | 低保 | 1.8% | 2.1% | 2.9% | 12.3% | 12.6% | 8.8% | 6.4% |
| | 其他 | 1.8% | 1.4% | 5.8% | 13.4% | 27.1% | 19.1% | 10.0% |
| | 合计100%人数 | 336 | 144 | 241 | 269 | 207 | 68 | 1265 |
| 机构样本 | 退休金或养老金 | 84.9% | 91.3% | 85.3% | 34.5% | 28.1% | 33.3% | 61.6% |
| | 自己的存款 | 7.5% | 0 | 2.9% | 13.4% | 6.3% | 0 | 4.4% |
| | 子女提供 | 5.7% | 4.3% | 11.8% | 44.8% | 56.3% | 0 | 25.6% |
| | 低保 | 1.9% | 0 | 0 | 8.6% | 3.1% | 33.3% | 3.9% |
| | 其他 | 0 | 4.3% | 0 | 8.6% | 6.3% | 33.3% | 4.4% |
| | 合计100%人数 | 53 | 23 | 34 | 58 | 32 | 3 | 203 |

## 二、老年人的消费状况

经济收入对老人的生活满意度影响并不大,无论是在家居住的老人还是入住养老机构的老人,"对现在生活满意吗?"的肯定回答(很满意和较满意)都在80%以上。收入不高但对生活却很满意,他们是怎么做到的?这应该有传统文化的影响:"知足常乐"是达到心理平衡的关键;而实际支出方面则是优先满足如日常用品、饮食和医疗等生活必需品,其他则"量入为出"从而把自己的支出压制到最低(见表4),如服装、储蓄的选中率开始大幅下滑,文化、旅游等休闲需求的选中率更是少得可怜,成为一种"奢望"。

表4 老年支出项目选中率（%）（您把退休金等主要花在什么地方）

| | 项目 | 饮食或机构养老费 | 医疗 | 日常生活用品 | 衣服 | 文化用品 | 给子女补贴 | 房租 | 买健身器 | 买保健营养品 | 旅游 | 储蓄 | 买老年用品 | 无退休金 | 其他 |
|---|---|---|---|---|---|---|---|---|---|---|---|---|---|---|---|
| 居家样本 N=1 223 | 360元以下 | 59.7 | 51.3 | 42.2 | 8.9 | 1.7 | 2.7 | 1.0 | 0 | 1.2 | 1.0 | 4.3 | 1.4 | 26.7 | 2.4 |
| | 360-999元 | 76.3 | 58.1 | 61.3 | 18.3 | 1.1 | 3.2 | 3.2 | 0 | 3.2 | 4.3 | 11.8 | 1.1 | 8.1 | 5.4 |
| | 1 000-1 999元 | 83.3 | 67.1 | 67.5 | 17.9 | 5.0 | 14.0 | 1.5 | 2.9 | 7.3 | 5.2 | 13.3 | 2.1 | 1.5 | 3.1 |
| | 2 000-2 999元 | 84.0 | 57.5 | 62.5 | 25.0 | 8.3 | 23.3 | 0.8 | 2.5 | 13.3 | 6.7 | 22.5 | 5.8 | 0.8 | 5.8 |
| | 3 000元及以上 | 80.9 | 52.2 | 67.8 | 25.2 | 13.0 | 30.4 | 0 | 4.3 | 20.0 | 13.0 | 29.6 | 3.5 | 0.9 | 1.7 |
| 机构样本 N=185 | 360元以下 | 30.5 | 32.2 | 47.5 | 10.2 | 1.7 | 0 | 1.7 | 1.7 | 3.4 | 1.7 | 1.7 | 5.1 | 20.3 | 3.4 |
| | 360-999元 | 36.4 | 72.7 | 36.4 | 18.2 | 0 | 18.2 | 0 | 0 | 0 | 0 | 9.1 | 9.1 | 0 | 0 |
| | 1 000-1 999元 | 62.5 | 56.2 | 49.3 | 9.6 | 0 | 2.7 | 4.1 | 1.4 | 11.0 | 1.4 | 6.8 | 1.4 | 1.4 | 2.7 |
| | 2 000-2 999元 | 70.4 | 48.1 | 44.4 | 14.8 | 0 | 11.1 | 0 | 0 | 7.4 | 0 | 18.5 | 3.7 | 0 | 3.7 |
| | 3 000元及以上 | 46.7 | 40.0 | 66.7 | 33.3 | 0 | 33.3 | 0 | 6.7 | 26.7 | 13.3 | 13.3 | 0 | 0 | 0 |

美国心理学家亚伯拉罕·马斯洛于1943年在《人类激励理论》论文中将需求分为五种，好像阶梯一样从低到高按层次逐级递升，分别为：生理上的需求，安全上的需求，情感和归属的需求，尊重的需求，自我实现的需求。另外还有两种需要：求知需要和审美需要。这两种需要未被列入到他的需求层次排列中，但他认为这二者应居于尊重需求与自我实现需求之间。那我国老年人的需求状况如何呢？

如表4所示，在老年人的支出排序中，真真正正体现了民以食为天的道理，无论是居家样本还是养老机构样本，食品、医疗、日常生活用品位列前三甲。食品和日常生活用品自不必说，是"最基本的生存需求"，它们名列三甲又一次证实了老人们的"总体收入水平不高"，主要收入还在应付生理需求的满足。至于医疗，这是年老人群的特殊需求，甚至有时还要重于食品，必要时，老人们会降低食品需求水平来满足健康的需求——必需的医疗支出，这一点在机构老年群体中尤为明显（见表4）。至于照料服务，应该是医疗还未得到充分满足，所以还处于萌发阶段。

因而，我觉得考察老年人的消费需求状况，不能仅仅考察食品等必要的生活支出，医疗支出也应是一个必不可少的指标，相对于普通人群而言，多病的老人们医疗需求满足程度在一定程度上更能代表他们的实际生活水平，尤其是消费状况。试想一个老人如果连看病都有困难，那他还能有其他的高级别消费吗？所以在考察老年人的生活状况时，我们不妨也采用一个"医疗系数"：老年人的医疗支出与总支出的比例关系，以补充恩格尔系数测量老年群体的不足。如果存在这一关系的话，那么在经济与消费方面"医疗"应该存在一个随着收入递增而递减的状况。在表 4 中，我们预料中的医疗递减出现了，但是呈现一个先增后减的图像。这说明医疗系数是存在的，但相对于普通人群而言，老年群体的医疗需求更加强烈，较低的收入并不能充分满足其需求，但又由于生存的需要，不得不压制这种需求，一旦收入增加，就会出现反弹，表现为"先增"；在得到一定满足后才会呈现逐渐递减的趋势，表现为"后减"。这一现象居家与机构都显示出来了，但转折点有所差异，居家样本在 2 000 元档开始呈现；而机构样本在 1 000 元档就出现了。

随着收入的提高，食品支出一直稳居首位；其次是日常生活用品的支出，这一项也从未出三甲之列，甚至在机构样本中还多次位列榜首；用于衣服的开支稳步上升，但最后却不再作为主要开支；父母给子女的补贴、用于买保健营养品和旅游的开支越来越高；用于储蓄的开支稳中有升；房租支付一直很少，最后直到没有。相对于居家老人来说，养老机构的老人食品开支压力较少；日常生活用品的支出所占比重更多一些；用于储蓄和子女补贴的开支要少一些。

由以上的分析可得，无论是居家样本还是养老机构样本，在消费状况这一方面呈现如下特点：

（1）从各个项目的转折来看，随着经济能力的增强，"三甲"之外的项目开始增加；先增后减，表示从减少开始这一项目开始得到一定程度的满足。如医疗项目，在居家样本中，从 2 000 元起选中率开始有明显下降；在机构样本中则是从 1 000 元起开始出现这一现象的。这就是说，在居家样本中，收入低于 2 000 元的老人其医疗需求不能得到充分满足，会受到其他一些必要生存项目的压制，如食物；机构样本中低于 1 000 元的老人的医疗需求不能得到充分满足。观从表 4 可见，从 1 000 元档开始，补贴子女和储蓄所占比重开始增加并持续上升，营养保健品支出开始增加，这说明从此处开始，老年人收入始见结余；2 000 元档开始，医疗支出有所减少，补贴子女和储蓄明显增加，这说明从此档起，医疗需求开始有所满足，老年人收入结余渐多，有能力余惠子孙；3 000 元档开始，旅游支出大幅增加，终于开始有钱去休闲了。

（2）重视食物和日常用品的生活项目，即使收入高居3 000元以上，也未改变。这一代老人经历贫困和饥饿等诸多苦难，留在身体里的记忆使他们异常重视食物和生活，随着消费能力的增强，这两项的选中率不但没有减少，反而越来越高。

（3）重视后代。收入提高后，增长最为明显的支出项目就是给子女的补贴。这可以说是国人的一种传统，子孙后代的延续、家族财富的积累一直受到重视，至少在老人们这一代还没有改变多少。

总之，"三甲"之类的生存型消费是现今绝大多数老人的消费形态，休闲消费的主要对象是富裕阶层。经济收入对消费有明显的影响，随着收入的提高消费形态开始有由生存型向休闲型转化的趋势，但仍以生存型消费为主。制度保障的不完善使他们不敢花钱；长期的节俭生活习惯使他们不愿花钱；收入水平普遍不高使他们不能花钱。富裕老人不愿意花钱的原因是复杂的，一是长期养成的生活习惯不容易改变，节俭成为一种习惯；再有我国医疗保障的满意度并不高，使对医疗需求较高的老人不得不"把钱省下来应急"，而不是进行消费。这些原因综合起来决定了老年的消费状态，单纯地只采取一两种措施是不能改变这种状况的。

## 三、结 论

通过以上老年人的收入与消费分析，我们可得出以下两个结论：

（1）中低收入的贫困老年人占据大多数，且老年人的收入形态呈现"葫芦"形。无论是居家样本还是养老机构样本，都有30%以上的贫困群体（收入在360元以下）。另一个集中存在于中等收入群体在1 000元到1 999元之间，占据35%左右。而二者中间有一低层，即360到999元的中下阶层，不足10%，再加上10%左右的中上阶层和不足10%的富裕阶层，就使整个群体收入状态呈现一个"葫芦"形。这是社会福利的干预造成的，它使原本应呈现金字塔形的收入序列改变了形状，只是着力点偏上，没有从塔底用全力，而是从塔身开始逐步加大力量扶助，最终形成一个葫芦型的收入序列。这说明，在烟台经济上不能自立的老年人的比率还很高，而收入有余的老年人的比率还很低，也就是离全面实现小康目标还有很多距离。

收入在360元以下的贫困群体都占30%以上，他们的生活来源主要依靠子女。但居家样本与机构样本有所不同：在居家样本中，社会援助（退休金和养老金，低保金）和子女援助有一个齐头并进之势，一个是19.4%+16.2%

=35.6%，另一个是 34.4%；而在机构样本中，二者相差甚远，绝大部分老人主要靠子女支持（68.3%）。

（2）在消费方面，现今绝大多数老人消费仍然是以基本生存为目的的生存型消费，只有极少部分的富裕阶层才会有文化、旅游等休闲消费。

如前文所述，消费习惯对当今老人们的影响最大，无论收入高低，食品和日用总是位于前列，这也是长期以来的贫困使他们养成了这样的消费习惯。但无论是居家样本还是养老机构样本，收入的增加对消费的结构还是有影响，饮食、日常生活和医疗总是消费改善的首选，这表明大多数老年人的消费仍处于基本生存消费阶段。老年人有余钱主要是用于储蓄和子女，而用于文化、旅游等休闲消费的还是很少。

相对于居家老人来说，养老机构的老人食品开支压力较少；日常生活用品的支出所占比重更多一些；用于储蓄和子女补贴的开支要少一些。由于养老机构的特殊性，机构养老费已经包括食宿费用，所以日常生活费用在低收入群体中（1 000元以下）更为突出，他们应是压缩机构养老费来保证日用开支。

制度保障，尤其是医疗制度保障的不完善，长期的节俭生活习惯和收入水平综合起来决定了老年的消费状态，一两种条件的变动是不会影响老年人的消费结构的。

《新疆社会科学》2014年第3期

# 烟台市农村老年人生活自理能力状况调查

宫 权

## 一、前 言

中国从 1999 年就进入老龄化社会，到 2014 年老龄化人口将达到 2 亿，老龄化形势十分严峻。老年人的医疗与保健是老龄化问题中的核心问题，要想搞好老年人的医疗与保健，就必须对老年人的身体健康状况进行深入细致的考查，这样才能有针对性地提出解决措施。根据社会老年学的研究表明，生活自理能力状况是反映老年人的健康状况一项重要指标，它能够直接体现出老年人的健康状况，并且对于老年人的残疾、死亡等有一定的预测作用。老年人生活自理能力的结果容易获取，便于统计比较和分析。

烟台市在 1987 年进入了老龄农村行列，比山东省平均年限提前了近 10 年。据烟台市 2007 年的统计显示：全市 60 岁以上的老年人已经突破 100 万，约占总人口的 15.8%。本文主要以山东工商学院《城乡社区的老龄化与老年赡养研究》课题组的社会调查数据为依据，重点分析了烟台市农村社区老年人生活自理能力的状况以及影响农村社区老年人生活自理能力的因素。

## 二、材料与方法

### 1．调查对象

本次调查主要选取烟台市牟平区姜各庄镇的上庄、岭上、东念三个村子作为调查地点。这是由于在烟台市的五个市区中，牟平区的农业人口比例和老龄化程度均最高，而姜各庄是牟平区老龄化程度最高的乡镇。2007 年，姜各庄镇 60 周岁以上的老年人的比例为 23.7%。在该镇的 47 个村庄中，我们选取老龄化程度较高的上庄、岭上、东念三个村子，主要基于两方面的考虑，一是这三个村庄的老龄化程度较高，60 周岁以上的老年人的比例分别为 26.6%、30.5%和 23.7%，其中东念村是全镇老龄化程度最高的村子。二是这三个村子呈三角形分布，正好是姜各庄镇地理的中心骨架，而且交通相对较为便利，方便进行大规模的问卷调查。在获取了三个村子的全体老年人名单后，采用系统抽样的方法，选取样本，两人一组，入户访谈，经过审核，获取有效问卷189份。从样本的基本状况看，此次调查的老年人中，60~69周岁的老年人最多，占总人数的59.8%，年龄最大的为95岁。女性老年人为97人，占51.3%；男性老年人为92人，占48.7%，男女比例基本持平。有配偶的老年人151人，占79.9%；无配偶的老年人38人，占20.1%。58.2%的老年人具有初中以上学历，不识字的老年人占24.9%。

### 2. 调查内容与统计方法

本次调查参考了国际上较为流行的ADL指标，并结合当地实际情况，共设计了6个指标来考察老年人的生活自理能力，分别是能否一个人起床、穿脱衣服、洗澡、做家务、赶集、旅行，大体包括穿、住、用、行四个方面。每一个指标分为四种情况，即完全自理、比较吃力、需要他人帮助和丧失自理能力，分别赋值3分、2分、1分和0分。完全自理，是指能一个人独立完成，且不感觉吃力；比较吃力是指独立完成比较吃力；需要他人帮助是指在他人的帮助下能够完成；丧失自理能力是指完全依赖他人。需要他人帮助和丧失自理能力均意味着自理能力受损。六项指标总分达到16分及以上者说明自理能力较强，总分在12~15分的为自理能力一般，总分在12分以下的为自理能力在某些方面出现障碍。数据的录用和处理采用统计软件SPSS11.0，主要通过$x2$检验、均值比较、方差分析来验证不同因素与老年人生活自理能力的相互关系。

## 三、数据分析

### 1. 总体概况

从总体上来看，65.6%的老年人自理能力正常，没有受损，其中有58.2%的农村老年人在六个方面能够完全自理。20.6%的老年人在某一方面的自理能力受损，在六个方面均丧失自理能力的老年人仅占0.5%。其中农村老年人在起床、穿脱衣、洗澡三个方面的自理能力较强，完全自理的比例均在90%以上，受损率均在5%以下。农村老年人在赶集方面的自理能力状况最差，能够完全自理的比例仅为63.0%，丧失自理能力的比例则高达20.1%。这可能是由于赶集对老年人体力和脑力的要求较高。

### 2. 年龄与自理能力

从具体的指标来看，虽然不同年龄阶段的老年人只在赶集方面的自理能力存在显著差异，但是随着年龄的增长，在烟台市农村老年人自理能力的六个方面指标中，四个指标完全自理的比例都在逐渐下降。从总体上看，农村老年人年龄的大小与自理能力的强弱具有显著关系。70周岁以下的老年人自理能力较强的比例为77.9%，70~79周岁和80周岁以上的老年人自理能力较强的比例则分别为67.9%和45.0%。70周岁以下的老年人出现功能障碍的比例仅为5.3%，而70周岁以上的老年人出现功能障碍的比例均在15%以上。这说明，随着年龄的增长，农村老年人的自理能力逐渐弱化。

### 3. 性别与自理能力

从具体的指标来看，烟台市农村男性老年人和女性老年人在赶集方面的自理能力存在显著差异，有76.4%的农村男性老年人在赶集方面能够完全自理，而农村女性老年人在赶集方面能够完全自理的比例仅为56%。从自理能力总分来看，农村中男性老年人的生活自理能力状况要好于女性老年人。在农村中，有78%的男性老年人自理能力较强，其中有69.6%的农村男性老年人在这六个方面均能完全自理，而农村女性老年人这两方面的比例分别为65.3%和47.4%。虽然从自理能力总分上看，差别并不显著，但是，男女两性老年人自理能力的受损状况差别显著，女性老年人自理能力的受损率为42.9%，是男性老年人自理能力受损率的两倍多。

### 4. 婚姻与自理能力

烟台市农村老年人的生活自理能力只有一个方面与婚姻状况具有显著关系，那就是能否一个人赶集。68.3%有老伴的老年人能够一个人去赶集，而无老伴的老年人能够一个人去赶集的比例为55.9%。从自理能力总分上来看，农村有老伴的老年人的日常生活自理能力还是要好于无老伴的老年人。有老伴的老年人自理能力较强的比例为76%，自理能力出现功能障碍的比例为11%。而没有老伴的老年人自理能力较强的和出现功能障碍的比例分别为61.8%和17.6%。虽然差别不是很明显，但有老伴的老年人自理能力的受损率明显低于无老伴的老年人。有老伴的老年人自理能力的受损率为28.3%，而无老伴的老年人自理能力的受损率为45.7%。

### 5. 学历与生活自理能力

烟台市农村中，不同学历的老年人的日常生活自理能力的强弱并没有显著差异。大致来说，学历水平为小学及小学以下的老年人的自理能力状况较好，自理能力较强和出现功能障碍的比例分别为76.0%和8.3%，其中有65.0%

的老年人在这六个方面均能完全自理。同时,我们发现不同学历的农村老年人自理能力的受损率差异显著,其中学历水平为小学及小学以下的老年人自理能力受损率最低,而学历水平为不识字的老年人自理能力受损率最高。

### 6. 同分住与生活自理能力

农村老年人大多数都与自己的子女分住。在接受调查的189名农村老年人中,有15名老年人拒绝回答这个问题,只有16名老年人与子女住在一起。从具体的数据看,与子女同住的农村老年人和与子女分住的农村老年人的自理能力状况只有一个方面有差距显著,即起床这一方面,其他各项自理能力均没有显著差距。不过从总体上来看,与子女分住的老年人自理能力要好于与子女同住的老年人。与子女分住的农村老年人自理能力较强的比例为73%,出现功能障碍的比例为7.4%;与子女同住的老年人自理能力较强的比例为56.3%,出现功能障碍的比例为25%。

### 7. 健康自评与生活自理能力

通过数据检验,我们发现农村老年人的健康自评与生活自理能力的强弱具有显著关系。健康自评较好的农村老年人的日常生活自理能力一般较好,健康自评较差的农村老年人的日常生活自理能力一般较差。反之,自理能力较强的农村老年人健康自评较好,自理能力较差的农村老年人健康自评较差。

### 8. 常见疾病与生活自理能力

农村老年人患病率排前10名的是:①慢性腰腿疼46.0%;②牙齿不好29.1%;③神经痛、关节炎27.5%;④视力削弱24.9%;⑤高血压、低血压21.7%;⑥听力削弱19.6%;⑦肠胃病19.0%;⑧心脏病12.7%;⑨贫血9.0%;⑩糖尿病和支气管炎、肺炎7.4%。通过数据分析我们发现,与农村老年人自理能力受损率显著相关的疾病主要有三种,分别是慢性腰腿疼、高低血压和支气管肺炎,患这三种疾病的农村老年人自理能力的受损率明显高于没有患病的老年人。

## 四、结 论

第一,经过检验发现,农村老年人自理能力的强弱与年龄大小、健康自评的好坏和居住状况具有显著关系。农村老年人自理能力的强弱与健康自评的好坏成正比，与年龄的大小成反比，即健康自评越好，自理能力越强；自理能力越强的老年人，健康自评越好。同时，年龄越大，自理能力越差。这一方面与以往的研究结果基本吻合。同时，与子女分住的老年人自理能力的状况明显要好于与子女同住的老年人。

第二，杜鹏、武超在《中国老年人的生活自理能力状况与变化》一文中，通过对相关研究成果的总结指出，老年人的日常生活自理能力存在性别差异和经济状况差异。本次调查发现，在烟台市农村地区，虽然男性老年人自理能力状况在某些方面要好于女性老年人，但男女老年人的自理能力的强弱并无显著差异，不同收入水平的老年人自理能力的强弱也无显著差异。

第三，按照人们的常识，经常参加文体运动的人，其身体健康状况应该相对较好。但是从具体的调查数据来看，农村老年人很少参加文体活动，少数经常参加文体活动的农村老年人生活自理能力有时反而不如那些不参加文体活动的农村老年人。这一方面说明农村的文体活动不是很丰富；另一方面也说明文体活动对农村老年人的日常生活自理能力并没有显著影响。

第四，自理能力受损率与年龄、性别、有无老伴、学历、某些常见疾病的患病率显著相关。年龄越大，自理能力受损率越高。女性老年人自理能力的受损率明显高于男性老年人。有老伴的老年人自理能力的受损率明显低于无老伴的老年人。学历水平为小学及小学以下的农村老年人自理能力的受损率最低。患有慢性腰腿疼、高低血压和支气管肺炎的老年人自理能力的受损率明显高于没有患病的老年人。

第五，为了进一步验证哪些因素能够显著影响农村老年人自理能力的受损状况，我们将前面验证的与农村老年人自理能力受损率相关的因素作为协变量，以自理能力是否受损为因变量，0代表受损，1代表没有受损。最终通过二元逻辑斯蒂回归的检验，发现农村老年人的年龄、性别、健康自评和是否患有高低血压等因素能够显著影响农村老年人自理能力的受损状况。也就是说，年龄较大的、女性老年人、健康自评较差的、患有高血压的农村老年人，其自理能力受损的可能性越大。

《牡丹江教育学院学报》2013年第1期

# 城市老年人的养老意愿及影响因素
## ——以烟台市的1 273位老年人为例

杨晓龙　李　彦

## 一、问题的提出与目的

我国60岁以上的老年人有177 648 705人，占总人口的13.26%，这是第六次人口普查的数据（未包括我国港澳台地区）。老年人口的急剧增加引发了人们对养老方式的关注，老龄化这一世界趋势在中国却又是另一番景象。首先，中国是世界上老年人口绝对数量最多的国家；其次，我国老年人口增速很快，全国老龄办公布的调查报告指出，从2001—2020年的20年间，平均每年我国将增加596万老龄人口，平均增长速度将达到3.28%，远远超过总人口0.66%的增速；再有，我国经济发展水平落后于老龄化水平，即"未富先老"。种种现实使得如何养老已经成为当前迫切需要解决的现实问题。

养老方式按所在地为标准可以分为家庭养老和机构养老两种主要方式。家庭养老可以说是我们最为传统的养老方式，以老伴或子女为依托，可分为三个阶段：相互扶植生活——照顾与被照顾——完全依托。但随着家庭规模的日益小型化、核心化，家庭养老这一模式变得日益脆弱，尤其是随着老人年龄的提高，身体的日益衰老，一旦卧床或失智（如老年痴呆等），就会进入完全依托阶段，这时家庭人手不足的缺点就体现出来，没有足够的精力和时间去照顾老人。机构养老可以说就是在这种情况下兴盛起来的，它们大多以养老院、敬老院、托老所、老年福利中心等名义建立起来，把老人集中起来，统一照料，集中供养，并且国家也给予大力扶植。但许多研究表明这种养老方式并不受老人们青睐。

1983年，费孝通教授提出了家庭养老的"反馈模式"。他指出中西方家庭关系的本质不同：在中国，子女在赡养自己父母方面有义不容辞的责任；而在西方社会，子女却没有赡养父母的义务。在西方的家庭，责任是一种接力模式，即家庭只扶幼，不养老，家庭责任单向传递；在中国的家庭，责任则是一种反馈模式，即家庭既扶幼，又养老，家庭责任双向传递。也就是说中西方的养老方式应该也要不同,我们照搬欧美解决老龄化的方式,建立老年公寓,对老人进行集中供养,而不考虑中国的具体家庭关系是不行的,从习惯和意愿上来说,不论独住还是与子女在一起,老人们都不愿离开家庭。

但是,随着现代工业社会的发展,社会变迁和社会流动日益频繁,现代家庭的养老功能不断弱化。一方面,随着独生子女政策的推行,分家而居的代际居住方式,妇女的普遍就业,使家庭规模变小,家庭资源减少;另一方面,则是现代社会经济活动本身相对于传统来说风险大增。这些变化使得传统的家庭养老功能日益弱化,尤其日常照料和精神慰藉功能更是无力承担。特别是到了"完全依托"阶段,家庭养老则无以为继。那我们该如何选择?又该怎样做呢?

由于中外家庭关系的迥异,国外的研究大多偏重选择养老居住地的影响因素的分析,比如分国家和地域研究影响老年居住方式的各种因素;也有的以人口学特征为变量分析其对老年人居住方式的影响。总而言之,关于养老意愿的研究在国外已经取得相当多的成果,有其价值所在,可以为我们所借鉴。

在国内,则多见对养老意愿的影响因素分析。如有的学者就全国14省市的调查指出,"性别、年龄、教育程度、婚姻状况、居住地、健康状况、职业类别、家庭关系和家庭地位,都对老年人养老模式态度有影响,只有家庭收入情况与养老态度无关"。也有学者就一地的调查指出"城乡、年龄、婚姻、以前职业、月收入、与子女的关系、精神状况和对养老机构的了解程度等因素对老年人的养老意愿有显著影响"。还有的学者通过对江苏四个城市的调查指出人们的年龄、文化程度对其养老意愿有显著影响。

上述研究对老年人的养老意愿的影响因素既有相同认识,如年龄,指出高龄老人更愿意入住养老机构。但争议之处颇多,如有的学者指出,文化程度和职业、收入三者之间高度相关,其根本影响因素应为文化程度,后两者是受前者影响的;有的学者则指出以前职业、月收入是显著影响老年人养老意愿的因素之二;还有的学者指出"家庭收入情况与养老态度无关"。究其原因所在,应该是地方性问题。我国幅员辽阔,各地文化差异很大,全国范围的普适性研究结论并不能适应地方,代表性差。因而,就某一文化领域内的代表城市进行研究更具有现实指导意义。本文以山东省烟台市的具有胶东传统的老人为调查对象,就是想验证一下中国文化影响下的胶东老人的养老意愿是否也有诸公所提的特点,同时也想为这一议题再添份力量,从纵向上来说,也可有一个差强人意的对比研究,看看养老意愿有何变化。

## 二、数据来源与样本特征

本文数据来源自"烟台市老年人的养老需求与生活状况调查"。此次调查以山东省烟台市芝罘区 60 岁以上的老人为对象,按 1%的比例进行抽样,然后采取由经过培训的调查员入户访谈并填写问卷的方式进行,共计获得 1 273 个住户样本的统计数据,调查所得结果采用 spss16.0 软件进行分析,其基本状况见表 1。

表 1　调查问卷统计数据

| 项目内容 | 频数 | 百分比 | 项目内容 | 频数 | 百分比 |
| --- | --- | --- | --- | --- | --- |
| 性别 | 1 264 | 100 | 年龄 | 1 250 | 100 |
| 男 | 453 | 35.8 | 60~69 岁 | 426 | 34.1 |
| 女 | 811 | 64.2 | 70~79 岁 | 537 | 45.8 |
| 文化程度 | 1 270 | 100 | 80~89 岁 | 217 | 17.4 |
| 不识字 | 240 | 18.9 | 90 岁以上 | 34 | 2.7 |
| 小学 | 528 | 41.6 | 婚姻状况 | 1 273 | 100 |
| 初中 | 282 | 22.2 | 有配偶 | 917 | 72.0 |
| 高中或中专 | 146 | 11.5 | 无配偶 | 356 | 28.0 |
| 大专以上 | 74 | 5.8 | 月收入 | 1 242 | 100 |
| 子女数量 | 1 257 | 100 | 360 元及以下 | 438 | 35.3 |
| 没有孩子 | 2 | .2 | 361 到 1 000 元 | 182 | 14.7 |
| 1 个孩子 | 148 | 11.8 | 1 001 到 2 000 元 | 451 | 36.3 |
| 2 个孩子 | 426 | 33.9 | 2 001 到 3 000 元 | 88 | 7.1 |
| 3 个孩子 | 363 | 28.9 | 3 001 到 5000 元 | 61 | 4.9 |
| 4 个及以上孩子 | 318 | 25.3 | 5 000 元以上 | 22 | 1.8 |
| 退休前职业 | 1 273 | 100 | 身体状况 | 1 268 | 100 |
| 干部 | 337 | 26.5 | 很健康 | 162 | 12.8 |
| 专业技术人员 | 144 | 11.3 | 健康 | 343 | 27.1 |
| 工人 | 244 | 19.2 | 一般 | 592 | 46.7 |
| 农业生产者 | 271 | 21.3 | 身体部分自理 | 134 | 10.6 |
| 无业人员 | 208 | 16.3 | 身体完全不能自理 | 13 | 1.0 |
| 其他 | 69 | 5.4 | 其他 | 24 | 1.9 |

由表 1 可知,在样本中女性老人比率为 64.2%,高于男性,这是符合人口规律的;老人们的文化程度高于全国平均水平;2/3 以上的老人有配偶;只有极个别的老人没有孩子,88%的老人有两个以上的孩子;老人们月收入不高,

有 1/3 以上的老人要靠低保生活,一半的老人月收入不足 1 000 元,86.3%的老人月收入不足 2 000 元;身体状况很好,只有 1.0%的老人身体完全不能自理。

## 三、数据分析

### 1. 养老意愿

由表 2 ~ 表 3 可知,大多数老人主观上喜欢居家养老。有 41.1%的老人选择与子女分住,体现了养老观念的转变,对独立、自主生活的认同度开始增强,相对于传统的养儿防老观念,这一部分老人更喜欢有自己的空间和自由;有 17.2%的老人选择身体不好时才与子女同住(好时分住),除了上述原因外还可能存在"责任伦理"的影响,如果身体情况允许,就不"麻烦"子女;但身体情况不好时,就有 69.1%的老人选择居家,但上门服务不是很受欢迎,还是希望有亲人的照顾;选择养老机构的老人还不到 20%。是什么因素影响老人们的选择呢?

**表 2 您喜欢哪一种养老方式**

| 项目 | 与子女同住 | 与子女分住 | 身体不好时才与子女同住 | 身体不好时去养老机构 | 其他 | 合计 |
|---|---|---|---|---|---|---|
| 频数 | 301 | 518 | 217 | 150 | 75 | 1261 |
| 百分比 | 23.9 | 41.1 | 17.2 | 11.9 | 5.9 | 100.0 |

**表 3 如果您身体不能自理,您会怎样安排自己的生活**

| 项目 | 居家,让老伴来照顾 | 居家,让子女来照顾 | 依靠上门服务 | 打算去养老院 | 其他 | 合计 |
|---|---|---|---|---|---|---|
| 频数 | 316 | 555 | 42 | 238 | 110 | 1 261 |
| 百分比 | 25.1 | 44.0 | 3.3 | 18.9 | 8.7 | 100.0 |

### 2. 影响因素

由表 4 ~ 表 5 可知,从行动上来说,仅有 27.1%的老人愿意入住养老机构,62.4%的老人不愿意去养老机构,还有 10.6%的老人说不清,还在犹豫之中或是不了解。问及不愿意去养老机构的原因归纳起来有四类:(1)习惯因素,包括"在家养老更方便自由""没有自由""不愿离开朋友"和"不喜欢集体生活";(2)经济条件;(3)子女态度;(4)交通问题。由其排位可知,生活习惯是最大的影响因素,其次才是经济因素,再次是子女的影响,而交通位置不是问题。

表 4　您愿意入住养老机构吗

| 项目 | 愿意 | 不愿意 | 说不清 | 合计 |
|---|---|---|---|---|
| 频次 | 341 | 785 | 133 | 1 259 |
| 百分比 | 27.1 | 62.4 | 10.6 | 100.0 |

表 5　您为什么不愿意去养老机构（不愿意的回答，多选）

| 项目 | 在家养老更方便自由 | 经济条件不允许 | 子女不同意 | 离家距离太远 | 没有自由 | 不喜欢集体生活 | 不愿离开朋友 | 其他 |
|---|---|---|---|---|---|---|---|---|
| 选中人次 | 370 | 280 | 101 | 13 | 125 | 60 | 65 | 109 |
| 位次 | 1 | 2 | 5 | 8 | 3 | 7 | 6 | 4 |

### 3. 影响因素与养老意愿交叉分析

下面以是否愿意入住养老机构为因变量，以习惯因素为自变量：①包括性别、年龄、教育程度、职业和婚姻状况，以经济条件（月收入）为自变量；②以子女数量为自变量；③进行交叉分析，分析结果见表 6。

表 6　各自变量与养老意愿交叉分析

| | | 愿意住养老机构 | | 合计 | Sig 值 |
|---|---|---|---|---|---|
| | | 愿意 | 不愿意 | 合计 | Sig 值 |
| 性别 | 女 | 31.5%（224） | 68.5%（487） | 100.0%（711） | $P=0.294$ |
| | 男 | 28.5%（116） | 71.5%（291） | 100.0%（407） | $P=0.294$ |
| | 小计 | 30.4%（340） | 69.6%（778） | 100.0%（1118） | $P=0.294$ |
| 年龄 | 80 岁及以上 | 13.7%（31） | 86.3%（195） | 100.0%（226） | $P=0.000$ |
| | 70 到 79 岁 | 29.8%（149） | 70.2%（351） | 100.0%（500） | $P=0.000$ |
| | 60 到 69 岁 | 40.4%（154） | 59.6%（227） | 100.0%（381） | $P=0.000$ |
| | 小计 | 30.2%（334） | 69.8%（773） | 100.0%（1107） | $P=0.000$ |
| 受教育程度 | 不识字 | 21.0%（43） | 79.0%（162） | 100.0%（205） | $P=0.000$ |
| | 小学 | 26.2%（124） | 73.8%（349） | 100.0%（473） | $P=0.000$ |
| | 初中 | 33.6%（85） | 66.4%（168） | 100.0%（253） | $P=0.000$ |
| | 高中或中专 | 41.5%（54） | 58.5%（76） | 100.0%（130） | $P=0.000$ |
| | 大专及以上 | 54.0%（34） | 46.0%（29） | 100.0%（63） | $P=0.000$ |
| | 小计 | 30.2%（340） | 69.8%（784） | 100.0%（1124） | $P=0.000$ |
| 职业 | 干部 | 34.1%（100） | 65.9%（193） | 100.0%（293） | $P=0.000$ |
| | 知识分子 | 39.2%（49） | 60.8%（76） | 100.0%（125） | $P=0.000$ |
| | 工人 | 37.3%（84） | 62.7%（141） | 100.0%（225） | $P=0.000$ |

续表

|  |  | 愿意住养老机构 | | 合计 | Sig值 |
|---|---|---|---|---|---|
|  |  | 愿意 | 不愿意 | 合计 | Sig值 |
| 职业 | 农业生产者 | 22.7%（54） | 77.3%（184） | 100.0%（238） | $P=0.000$ |
|  | 无业人员 | 19.1%（35） | 80.9%（148） | 100.0%（183） | $P=0.000$ |
|  | 小计 | 30.3%（322） | 69.7%（742） | 100.0%（1064） | $P=0.000$ |
| 有无配偶 | 有配偶 | 32.7%（264） | 67.3%（544） | 100.0%（808） | $P=0.005$ |
|  | 无配偶 | 24.2%（77） | 75.8%（241） | 100.0%（318） | $P=0.005$ |
|  | 小计 | 30.3%（341） | 69.7%（785） | 100.0%（1126） | $P=0.005$ |
| 月收入 | 困难（<1000） | 22.3%（103） | 77.7%（359） | 100.0%（462） | $P=0.000$ |
|  | 够用（1 000 - 1 999） | 37.2%（159） | 62.8%（268） | 100.0%（427） | $P=0.000$ |
|  | 宽裕（2 000 - 2 999） | 38.9%（42） | 61.1%（66） | 100.0%（108） | $P=0.000$ |
|  | 充足（3 000+） | 29.8%（31） | 70.2%（73） | 100.0%（104） | $P=0.000$ |
|  | 小计 | 30.4%（335） | 69.6%（766） | 100.0%（1101） | $P=0.000$ |
| 子女数量 | 无子女 | 31.3%（5） | 68.8%（11） | 100.0%（16） | $P=0.000$ |
|  | 1个孩子 | 37.3%（47） | 62.7%（79） | 100.0%（126） | $P=0.000$ |
|  | 2个孩子 | 38.2%（143） | 61.8%（231） | 100.0%（374） | $P=0.000$ |
|  | 3个孩子 | 28.4%（93） | 71.6%（235） | 100.0%（328） | $P=0.000$ |
|  | 4个及以上孩子 | 18.8%（53） | 81.2%（229） | 100.0%（282） | $P=0.000$ |
|  | 小计 | 30.3%（341） | 69.7%（785） | 100.0%（1126） | $P=0.000$ |

由表6可以发现，性别对老年人的养老意愿选择几乎没有影响。女性老人有近七成的比率不愿意入住养老机构，男性老人则是七成多一点，都与不愿意入住养老机构的总体水平（69.6%）相差不大。

年龄对老年人的养老意愿影响明显。单从意愿上来说，高龄老人（80岁及以上）更加不愿意去养老机构，不愿意体验机构养老这一"新事物"。而低龄老人（60～69岁）则明显要比其他两组老人看得开，有40.4%的比率表示愿意去机构养老。教育程度，尤其是高等教育对老年人的养老意愿有显著影响。文化程度低的老人（不识字和小学）大多（70%以上）还是不愿意去机构养老，愿意去机构的意愿从拥有初中教育的老人开始有明显上升，大专及以上更是达到50%以上。

不同职业对老人的养老意愿会产生影响。干部、知识分子和工人表示愿意去机构养老的比率明显高于农业生产者和无业人员。婚姻状况对养老意愿也有影响，但令人意外的是反而是有配偶的老人愿意去机构养老的比率高于无配偶的老人，相差8.5%。

从经济状况上来看，经济条件的好坏明显影响了老年人的养老意愿。相对于月收入困难（＜1 000）组，月收入大致够用（1 000～1 999）组和月收入宽裕（2 000～2 999）组的老人更愿意去机构养老，分别高出 14.9 个和 16.6 个百分点；月收入充足（3 000 及以上）组的老人入住机构的意愿虽然有所下降，但仍高出困难组 7.5 个百分点。

从子女数量上来看，有一两个孩子的老人愿意入住养老机构的比率最高，此后随着孩子数量的增加而愿意入住养老机构的比率越来越低。

小结：从影响因素上来看，年龄、教育程度、职业、婚姻状况、月收入、以子女数量都对老年人的养老意愿有影响。

### 4. 模型分析

下面我以是否愿意入住养老机构（愿意=0，不愿意=1）为因变量，以习惯因素为自变量：①包括性别、年龄、职业、教育程度和婚姻状况，以经济条件（月收入）为自变量；②以子女数量为自变量；③建立 Logistic 回归模型，采用 Forword: wald 法，最终只有年龄、教育程度和职业进入模型，具体见表 7，但也仅有年龄和教育程度中的大专及以上通过了检验。

**表 7　养老意愿（是否愿意入住养老机构）分析模型**

| | 自变量 | B | S.E. | Wald | df | 显著性 | Exp（B） |
|---|---|---|---|---|---|---|---|
| a 步骤 1 | 80 岁及以上（参照组） | | | 39.548 | 2 | .000 | |
| | 70 到 79 岁 | －1.055 | .230 | 21.088 | 1 | .000 | .348 |
| | 60 到 69 岁 | －1.461 | .234 | 39.129 | 1 | .000 | .232 |
| | 常量 | 1.869 | .207 | 81.704 | 1 | .000 | 6.481 |
| b 步骤 2 | 80 岁及以上（参照组） | | | 37.357 | 2 | .000 | |
| | 70 到 79 岁 | －1.015 | .232 | 19.112 | 1 | .000 | .362 |
| | 60 到 69 岁 | －1.434 | .236 | 36.800 | 1 | .000 | .238 |
| | 干部（参照组） | | | 23.263 | 4 | .000 | |
| | 知识分子 | －.142 | .230 | .382 | 1 | .536 | .868 |
| | 工人 | －.081 | .191 | .179 | 1 | .672 | .922 |
| | 农业生产者 | .625 | .205 | 9.258 | 1 | .002 | 1.868 |
| | 无业人员 | .718 | .235 | 9.299 | 1 | .002 | 2.049 |
| | 常量 | 1.643 | .232 | 50.103 | 1 | .000 | 5.173 |
| c 步骤 3 | 80 岁及以上（参照组） | | | 34.209 | 2 | .000 | |
| | 70 到 79 岁 | －1.036 | .236 | 19.240 | 1 | .000 | .355 |
| | 60 到 69 岁 | －1.446 | .248 | 34.065 | 1 | 000 | .236 |
| | 不识字（参照组） | | | 14.142 | 4 | 007 | |
| | 小学 | .198 | .228 | .751 | 1 | 386 | 1.219 |

续表

|  | 自变量 | B | S.E. | Wald | df | 显著性 | Exp（B） |
|---|---|---|---|---|---|---|---|
| c 步骤 3 | 初中 | -.025 | .252 | .010 | 1 | 921 | .975 |
|  | 高中或中专 | -.248 | .292 | .722 | 1 | 396 | .780 |
|  | 大专及以上 | -.922 | .348 | 7.009 | 1 | 008 | .398 |
|  | 干部（参照组） |  |  | 16.886 | 4 | .002 |  |
|  | 知识分子 | -.233 | .235 | .981 | 1 | .322 | .792 |
|  | 工人 | -.325 | .207 | 2.478 | 1 | .115 | .722 |
|  | 农业生产者 | .382 | .222 | 2.961 | 1 | 085 | 1.465 |
|  | 无业人员 | .461 | .258 | 3.196 | 1 | 074 | 1.585 |
|  | 常量 | 1.834 | 294 | 39.005 | 1 | .000 | 6.261 |

a. 在步骤 1 中输入的变量：年龄；

b. 在步骤 2 中输入的变量：退休前职业；

c. 在步骤 3 中输入的变量：受教育程度。

由表 7 可知，在影响老年人的养老意愿的因素中，习惯因素年龄最为重要，也正是它在起作用，左右着老年人的意愿，且年龄越高越不愿意入住养老机构。相对于高龄老人来说，机构养老方式更容易为中、低龄的老人所接受。那么随着代际的更替，以后愿意去机构养老的老人会越来越多。在教育程度上，只有大专及以上这一项有显著表现。

月收入并未进入方程，职业也不显著。在我国，职业、月收入和教育程度有着很大的共线性，相互影响非常明显，尤其对于现今老年一代，较高的教育水平意味着较好的职业，从而进一步会有较好的收入。

子女数量影响因素也并未被纳入方程。子女数量虽然与养老意愿有关联，样本数据的交叉分析也是如此显示的，但其大小也应与相应的时代背景政策（如生育政策）影响关系甚大，因而与年龄存在着一个共线倾向。

## 四、主要结论

仅从养老意愿上来说，有以下几个主要结论：

### 1. 高龄老人愿意选择机构养老的比率要远低于中低龄老人

高龄老人（80 岁及以上）中不愿意入住机构的比率是中龄老人的 2 倍多，是低龄老人的 4 倍多。也就是说，随着代际的更替，以后愿意去机构养老的老人会越来越多。因为时代和传统的限制，高龄老人大都出生于 20 世纪二、三十年代，长期形成的"养儿防老"的家庭养老观念已经很难改变；而随着时代的发展变化，中龄老人和低龄老人与新中国一起成长，对于我国的人口政策的发展变化亲身经历，对于自身的养老处境认识更加深刻，因而对于养老方式的观念不再仅仅执着于家庭，或出于为子女减轻负担，或出于观念的改变，或出于经济的考虑，一部分（29.8%）中龄老人和相当一部分（40.4%）低龄老人愿意选择机构养老。

### 2. 有大专及以上教育程度的老人愿意选择机构养老的比率最高

文化程度低（不识字和小学）的老人大多还是不愿意去机构养老（70%以上），愿意去机构的意愿从拥有初中教育的老人开始有明显上升，大专及以上更是达到50%以上。有高学历的这部分老人有86.1%属于中低龄老人，再加上一定的留洋背景和见识，更能接受机构养老方式也不为怪。

### 3. 居家养老仍是绝大多数老年人的选择，但比率有所下降

由前文可知，有69.1%的老人选择居家且由亲人照顾的养老方式，仅有18.9%的老人选择去养老机构安度晚年，这一点也可以说是中外主流。前文提到的研究也指出，尽管文化和风俗习惯的差异很大，但老人们的选择却很是相同——居家养老，机构养老总是处于绝对的劣势。这时因为居家更符合人们长期养成的生活习惯，尤其是一些不可替代的情感习惯，如子女的问候、朋友的拜访等。

但相对于其他数据（仅有5%选择机构）而言有了很大改变。机构养老虽然仍不居主要地位，但已经有了近3倍的增长。这应该有两个因素的影响：一是随着时间的推移，越来越多的老人开始了解机构养老，把机构养老作为自己的选择之一，至少是备选；另一个就是地域原因了，各地的风俗不同，胶东地区有分家的习俗，老人们是单独居住，有子女轮流侍奉，但随着社会流动的加强，家庭规模的减少，这种模式的维系就越来越艰难，不得不找寻其他的出路，机构养老则成为为居家养老无以维系的一种备选。

总体而言，在老人们的养老意愿选择上居家养老仍然居主要地位，机构养老作为主要备选方式也走进老人们的视野之中，以后随着代际的更替，机构养老会成为越来越多的老人的选择。因此，我们的有关机构养老的部门要做好准备。

# 农村社会养老服务需求与供求状况调查研究
## ——以威海市为例

胡 熙 王飞鹏

自 20 世纪末我国进入老龄化社会以来，如何解决养老服务问题已成为社会广泛关注的热点。威海是我国东部沿海城市，经济和社会发展处于全国中上水平，但人口老龄化程度却位居前列，截至 2012 年底，该市 60 周岁以上的老年人达 55 万人，占该市总人口的 21.7%，远远高于全国（14.3%）和山东省（16.8%）的平均水平。同时，该市目前 60% 以上的老人生活在农村，因此农村养老服务问题已成为亟待解决的社会问题。本文以威海市经区、环翠区和高区的 198 名 60 岁以上（含 60 岁）的农村老人为例，对威海市社会养老服务供求状况及面临的问题进行分析，以期为我国农村养老服务事业发展及政府决策提供参考依据。

## 一、农村社会养老服务需求状况

社会养老服务是指老年人离开自己的家接受政府、社会组织、企业、志愿者为其提供的各种生活所需的服务的养老服务方式，主要包括市场化和非市场化养老服务。本文主要研究非市场化的福利性社会养老服务。目前，农村社会养老服务需求呈现以下特征：

1. 入住群体多样化。

调查显示，目前农村居民入住福利养老院的老年人大致分为三类群体。一是无儿无女的孤寡老人，即"五保户"，占总数的 45%；二是经济条件较差，没有能力入住私营养老院的老人，占 37%；三是因条件好的养老院床位紧缺，不得已入住机构养老院，占总数的 18%。对于第一、二类群体的养老要求较低，第三类群体则对养老标准较高，这类群体也不稳定，一旦有条件好的就离开了。

2. 服务要求多样性

调查显示，不同老年人的服务需求不同，大致分为三种类型。第一类是有身体疾病或者收入偏低的老人，平时生活艰难，入住养老院的目的就是希望得到政府救济和帮助，其养老需求较为简单，只为解决基本生活需求。第二类是儿女不在身边，且无老伴的老人，孤独一人觉得寂寞，希望入住养老院寻求精神寄托，他们对物质生活要求不高，但对精神生活要求较高。第三类是相对较为年轻的老人，他们有相对较强的经济支付能力，同时对养老院的要求也相对较高。

### 3. 认知程度不高

目前，全国约有 17.5% 的老年人愿意到养老机构养老，但农村老人对到养老院养老的认知度还不高。调查的 198 名老人中只有 15 位老人愿意到养老院养老，占 7.5%，另有 72.2% 的老人（143 名）拒绝到养老院养老，其他 20.3% 的老人选择视情况而定。不愿入住养老院的老人主要认为自己有儿女，"养儿防老"天经地义，去养老院是对自己的一种侮辱，也是儿女不孝顺的表现，也有部分老人认为"完全无法适应（敬老院）严格的作息时间""吃、住都将不习惯"。

### 4. 缴费承受能力低

目前，老人们对养老院收费及收费标准持不同观点，但总体来看农村老人经济承受能力较低。调查显示，7% 的老人认为不需要任何费用才可以接受入住养老院，这部分老人大多以种地为生，收入微薄，希望年老后将自己的房子作为一种交换品，获得免费入住养老院的权利；希望每月缴费在 200 元以内的老人占 35%；希望缴费在 200～400 元的占 24%；希望缴费在 400～600 元的老人占 15%；只有 19% 的老人愿意接受每月缴费在 600 元以上。由此可见，农民的承担能力是极其有限的。

## 二、农村社会养老服务供给状况

### 1. 政府财政投入相对不足

长期以来，我国实行城乡分割的养老服务制度，城市居民以社区养老服务为主，农村主要对"五保户"实行福利性养老服务制度，但由于农村五保户人员相对较少，且他们对服务要求不高，因此总体来讲政府财政投入相对较少，导致农村福利性养老院基础设施及服务经费投入方面相对不足，严重阻碍了农村社会养老服务事业的发展。

## 2. 社会养老机构数量偏少

调查显示,威海市目前共有 108 家养老院,其中,福利性的养老院仅有 13 家,其中经区 2 家养老院(凤林老年公寓和崮山镇老年公寓),共有 1 030 个床位,其床位的数仅占老年人口总数的 0.8%,大大低于经济发达国家 5% 的水平,无法满足老人养老服务需求。

## 3. 养老服务功能单一

目前农村福利性养老院除了对"五保""三无"老人提供殡葬服务和简单的医疗服务外,目前仅限于生活照料服务,其他相关文化及医疗服务等相对匮乏,无法满足老人的养老服务需求。通过对入住养老院的 40 名老人调查结果显示,满意的占 72.50%,不满意的占 27.50%,其中,不满意的地方主要表现为养老机构服务项目偏少,文艺活动或集体活动少,老人孤单感强烈,经常会感到寂寞,目前养老机构只承担其基本生活保障服务。

## 4. 从业人员专业性不强

调查显示,目前养老服务机构的工作人员和管理人员素质普遍偏低,下岗工人或者是外来农民工占一定的比例,55%的工作人员的文化程度在初中或初中以下,且没有经过相关专业培训。他们由于缺乏相关专业、岗位的技术培训,缺乏基本的医疗、护理知识,致使在老人身体处于紧急情况时,他们显得无能力为,使一些本不应该死亡的老人死亡、本不应该残疾的老人残疾,更谈不上提高业务水平和质量了,而且容易产生服务质量和事故隐患的纠纷。

# 三、加快农村社会养老服务事业发展的措施建议

综上所述,目前我国农村养老服务机构存在较大的潜在服务对象,但现有机构养老服务机构建设规划不合理,服务意识较差,服务满意度偏低,服务队伍人员素质偏低,严重制约了我国农村机构养老服务事业的发展,为此应从以下几个方面入手:

## 1. 明确养老服务机构的功能定位

明确养老服务机构功能定位,这是做好养老服务事业的重要基础。目前,我国农村地区应在发展政府主导的社会福利性养老服务的基础上,进一步发

展补缺型的老年社会福利事业,并做好政府主办的养老服务机构的分类管理。其中,福利性养老服务机构应优先为农村"五保"和"三无"老人提供服务,同时可向生活自理困难且家庭难以照料的老人,以及独居的空巢或高龄老人倾斜。

## 2. 加大养老服务财政投入

由于农民经济承受能力较低,因此农村应加大社会养老服务机构的建设力度,同时在经费投入方面政府应发挥主导作用。当然,政府在加大财政投入的同时,可拓展老年社会保障基金的筹资渠道,比如可以将福利彩票公益金和体育彩票公益金中拨出一定的项目经费用于农村社会养老事业发展基金。

## 3. 拓展养老服务项目

农村老人生活长期比较拮据和节约,因此对养老服务要求总体较低,但长期来讲,农村养老服务网络应向多层次、广覆盖、可持续的方向发展,养老服务项目应由基本生活照顾逐步延伸到精神慰藉、医疗康复、法律服务、紧急救助等项目,从而满足老年人不同层次的服务需求。

## 4. 提高从业人员专业技能

目前农村养老服务机构工作人员主要以当地失地农民和大龄失业人员为主,他们的文化素质及业务素质普遍偏低,为此政府应承担起从业人员技能培训的职责。通过对养老服务员进行相关技能培训,努力提高养老机构的管理水平和从业人员的服务质量。为此,政府应承担起相关培训职责,所有农村机构养老工作人员应参加政府组织的技能培训,并推行持证上岗证,否则不能从事相关的养老护理工作。

《经营管理者》2014年10月(上期)

# 山东省社会事业财政预算绩效测度研究

王冰 孟辉

财政预算支出是公共财政的重要组成部分，财政预算绩效管理是政府绩效管理的核心环节。通过一般预算支出弥补市场缺陷，提供公共产品和满足社会公共需求，进而提高资源配置效率，是管理部门针对市场失灵的纠正性措施。一般预算支出按照财政部门制定预算目标、进行资金分配、政府其他职能部门运作、发生产出绩效四个环节的连续行为发挥作用。进行预算支出绩效测度便是度量相关部门制定的预算目标与运作产生的产出效果二者之间的投入产出关系，同时也是测算政府预算与公共需求的吻合程度。

我国地方政府在财政支出管理过程中普遍存在资源配置缺乏效率和支出结构失衡等现象，相关部门将更多精力用于资金的争取和投放，缺少对资金使用效益和效率的关注，"重收入轻支出、重分配轻管理、重使用轻绩效"的问题使得预算资金不能得到合理、有效的分配与利用。社会事业关系国计民生，其发展的快慢与人民生活幸福息息相关。2011年，山东省仅科、教、文、卫四项支出就占全年一般预算支出的32.16%，社会事业支出在一般预算支出中具有举足轻重的地位。因此，对社会事业财政预算支出绩效进行探索性研究，无疑会对改善预算编制和执行情况、增进财政部门资源配置能力、提高财政资金使用效益和效率具有重要的理论与实践意义。

在财政预算绩效评价方面我国仍处于起步阶段，大多数研究集中在预算投入规模的合理性和运作过程的合规性方面。现有研究主要存在两点不足：一是缺乏一套统一的、规范的预算绩效评价指标体系和评价方法。现有评价指标重投入数量轻产出效果，多集中于资金分配和投入领域，缺少注重资金产出以及投入与产出关系的量化和评价。二是评价视野有较大局限。现有研究要么从财政预算与宏观经济的投入产出角度着手，要么从某一具体的微观主体例如高效预算绩效展开，缺乏在对财政预算进行科学分类基础上针对某一领域深入的绩效评价尝试。在全面推进财政科学化、精细化管理的背景下，开展对财政预算精细化绩效研究显得十分必要。综上所述，本文拟参考已有研究，在对社会事业财政预算绩效的内涵进行界定的基础上，设计构建社会事业财政预算绩效评价指标体系，对预算产出效果和预算产出效率进行综合测度和对比分析，明确山东省各地市在社会事业财政预算资金使用效果和效率方面存在的内在规律,最后根据评测结果提出对策建议。

## 一、社会事业财政预算绩效内涵的界定

### 1. 财政预算绩效的内涵

绩效是公共支出实现的产出和效果。预算绩效是指预算资金所能达到的产出和效果,是一种以支出效果为导向的预算管理模式。它强调政府预算的落脚点是为民服务和改善民生,强化预算支出的责任和效率,要求在预算编制、执行、监督的全过程中更加关注预算资金的效益和效率,要求政府部门向社会公众提供更高水平的公共产品和公共服务,使政府行为实现经济性、效益性和有效性的有机结合和统一。进行预算绩效评价的根本目的是改进预算管理,优化财政资源配置,提高公共产品和公共服务的数量和质量,提高预算资金的使用效率,在产出既定的条件下,既满足尽可能地减少预算,又满足尽可能地增加产出。按照预算绩效评价内容的不同性质,可将预算绩效评价分为三类,分别是项目支出绩效、一般预算支出绩效和预算宏观绩效,三者分别对项目支出效率、具体部门预算支出效率以及预算资金对宏观经济的配置效率做出评估分析。

### 2. 社会事业财政预算绩效的内涵

本文中,社会事业预算绩效隶属于一般预算支出绩效评价的范畴,是指社会事业财政预算所能达到的产出和效果,即对主要社会事业包括教育、文化、科技、医疗卫生、交通运输、节能环保、社会保障与就业等所涉及的政府部门使用和管理财政预算资金的产出效率问题。由于不同部门使用预算资金所要达到的目的和产出效果不同,因此预算绩效的评价不能设置统一的评价指标体系,只能根据各部门所要实现的目标,有针对性地设置具体的评价指标。

## 二、社会事业财政预算绩效评价指标体系的构建

### 1. 指标体系构建

从系统论的观点来看,社会事业预算绩效管理系统是整个政府绩效管理系统的一个子系统。子系统的输入就是社会事业预算资金的投入,经过一系

列系统内部的运作和转换过程后，子系统会产生相应输出，即社会事业对公共需求的满足程度。在设计社会事业财政预算绩效评价指标体系时，必须以社会事业所要满足的公共需求为核心，以不同社会事业的类型为基础进行展开。一定要在遵循逻辑相关设计、数据相关设计和趋势相关设计等原则的基础上，构建社会事业财政预算绩效评价指标体系。如表1所示，该指标体系共包含2个目标层指标，8个控制层指标和27个变量层指标。其中，变量层指标包含7个投入指标和20个产出指标。

**表1 社会事业财政预算绩效评价指标体系**

| 目标层 | 控制层 | 变量层 |
|---|---|---|
| 社会事业财政预算投入水平I | 社会事业财政预算投入总额I1 | 教育支出I11、文化支出I12、科技支出I13、医疗卫生支出I14、社会保障与就业支出I15、节能环保支出I16、交通运输支出I17 |
| 社会事业财政预算产出水平O | 文化教育水平O1 | 各级各类学校在校学生人均拥有专任教师数（人）O11、普通中学本科及以上专任教师占比（%）O12、每万人拥有公共图书馆藏书量（册）O13 |
| | 科技水平O2 | R&D人员折合全时当量（人年）O21、单位研究与实验人员R&D经费支出额（万元）O22 |
| | 医疗卫生水平O3 | 每万人拥有卫生技术人员数O31、每万人拥有卫生机构床位数O32 |
| | 就业及劳动报酬水平O4 | 就业率（%）O41、失业率（%）O42、按登记注册类型分城镇单位就业人员平均工资（元）O43 |
| | 社会保障水平O5 | 单位离休、退休人员拥有保险福利费用（万元）O51、城镇社会基本养老保险参保比率（%）O52、医疗保险参保比率（%）O53 |
| | 节能环保水平O6 | 工业废水排放达标率（%）O61、固体废物综合利用率（%）O62、万元GDP能耗（吨标准煤/万元）O63、万元GDP电耗（千瓦时/万元）O64 |
| | 交通运输水平O7 | 公路密度（公里/百平方公里）O71、交通旅客周转量（百万人公里）O72、货物周转量（百万吨公里）O73 |

### 2. 产出指标权重的测算

以山东省17地市2011年社会事业数据为研究样本，采用熵值法对产出指标权重进行测算，测算结果如表2所示。测算时运用归一化方法对原始数据进行了无量纲化处理，将数据变为 0 到 1 之间的数据。成本型指标有失业率、万元 GDP 能耗、万元 GDP 电耗，其余均为效益型指标。数据规范化后，所得的成本型和效益型数据最佳均为 1，最差均为 0。原始数据引自 2012 年《山东省统计年鉴》公开的统计数据和资料，通过整理计算得出。

表 2　熵值赋权法求得的各产出指标权重

| 变量 | 数值 | 变量 | 数值 |
| --- | --- | --- | --- |
| O11 | 0.03 568 | O51 | 0.04 996 |
| O12 | 0.03 007 | O52 | 0.07 508 |
| O13 | 0.05 322 | O53 | 0.05 571 |
| O21 | 0.08 975 | O61 | 0.01 627 |
| O22 | 0.06 762 | O62 | 0.04 444 |
| O31 | 0.07 174 | O63 | 0.01 599 |
| O32 | 0.05 260 | O64 | 0.01 989 |
| O41 | 0.02 522 | O71 | 0.03 651 |
| O42 | 0.05 368 | O72 | 0.04 882 |
| O43 | 0.03 614 | O73 | 0.12 162 |

根据测算结果，可得出以下结论：

第一，各项变量层产出指标权重存在明显差异。总共 20 个变量层产出指标中，权重大于 0.05 的指标分布在科技、社会保障、医疗卫生、就业及劳动报酬、教育，这些变量层指标在不同地市间存在较大差异，对预算产出水平综合评价具有较大的影响。权重最大的三个指标为 R＆D 人员折合全时当量、城镇社会基本养老保险参保比率、每万人拥有卫生技术人员数。

第二，各项社会事业重要性不尽相同。对于山东省而言，影响预算产出的控制层指标即文化教育水平 O1、科技水平 O2、医疗卫生水平 O3、就业及劳动报酬水平 O4、社会保障水平 O5、节能环保水平 O6、交通运输水平 O7 的权重分别为 0.118 97、0.157 37、0.124 34、0.115 03、0.180 75、0.096 59、0.206 96。可见，对产出水平影响最大的是交通运输水平，影响最小的是节能环保水平，从另一个角度说明了山东省现阶段发展社会事业的先后顺序，即 O7、O5、O2、O3、O1、O4、O6。

### 3. 各项社会事业预算产出效果分析

在上文对各变量层指标权重进行测算的基础上，将每项控制层产出指标即各项社会事业所对应的变量层产出指标分别与其权重相乘后求和，得到各

项社会事业的赋权综合产出,测算结果如图 1 所示。根据测算结果,山东省 17 地市各项社会事业预算产出水平有以下特点:

第一,沿海城市好于内陆城市,经济发达城市好于经济欠发达城市。在我省经济综合实力较强的青岛、济南、烟台、淄博等城市各项社会事业预算综合产出基本处于前列,而德州、菏泽、日照、济宁等地各项产出则排名靠后。

第二,共性大于个性,共性中存在差异。17 地市各项社会事业排名总体上呈现出规律性的特点,但也存在特殊性的表现。例如淄博市,在除就业及劳动报酬水平排名第 7、其他各项社会事业排名在前 5 的情况下,其节能环保水平却是第 16 名。再如威海市的科技水平和交通运输水平排名靠后,东营市的节能环保水平和交通运输水平排名靠后。

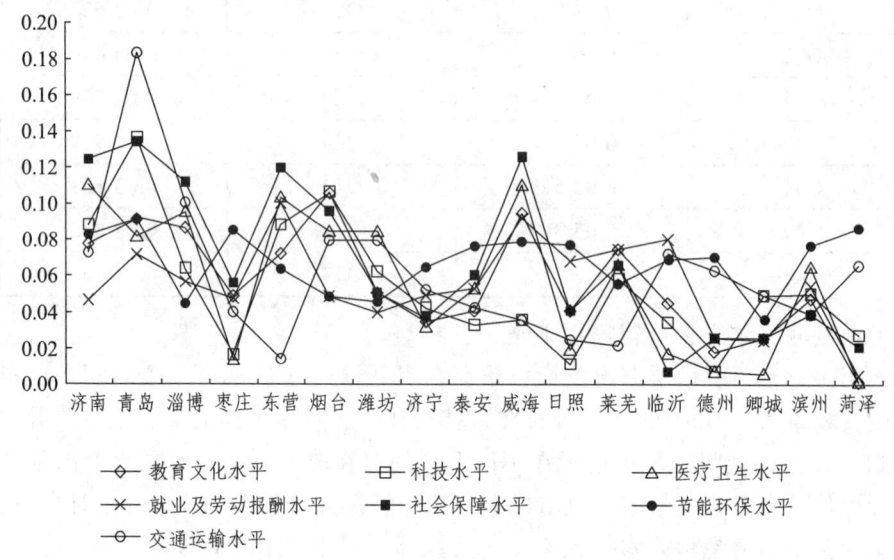

图1　山东省 17 地市各项社会事业预算产出效果图

## 三、山东省社会事业财政预算产出效果和产出效率综合测度分析

### 1. 财政预算产出效果综合测度

运用熵值法、灰色关联度法、主成分分析法三种统计方法构建综合评测模型。在 SPSS 环境下,对山东省 17 地市的社会事业财政预算产出效果进行综合评测。由表 3 可知,社会事业财政预算产出效果的综合排名为:青岛、济南、威海、东营、烟台、淄博、潍坊、莱芜、泰安、滨州、临沂、枣庄、

济宁、日照、德州、聊城、菏泽。由测算结果，预算产出效果排名与地区经济发达程度呈现明显的正相关关系。经济越发达的地区，人们对于公共物品的需求量更大，政府可以支配的资源也更多，政府对公共需求的满足程度也相对更高。

表3 山东省17地市社会事业财政预算产出效果综合评价结果

| 城市 | 灰色关联分析 | 熵值法 | 主成分分析 | 综合得分 | 综合产出排名 |
| --- | --- | --- | --- | --- | --- |
| 济南 | 1.431 30 | 0.602 53 | 1.838 47 | 0.732 96 | 2 |
| 青岛 | 1.628 79 | 0.789 81 | 2.729 60 | 1.000 00 | 1 |
| 淄博 | 1.296 75 | 0.560 31 | 0.974 41 | 0.581 15 | 6 |
| 枣庄 | 1.044 28 | 0.311 44 | −0.635 70 | 0.199 85 | 12 |
| 东营 | 1.457 51 | 0.564 21 | 1.493 96 | 0.698 28 | 4 |
| 烟台 | 1.366 73 | 0.570 48 | 1.617 88 | 0.667 57 | 5 |
| 潍坊 | 1.084 17 | 0.415 18 | 0.120 51 | 0.333 79 | 7 |
| 济宁 | 1.003 97 | 0.315 20 | −0.517 55 | 0.191 40 | 13 |
| 泰安 | 1.063 72 | 0.358 32 | −0.341 00 | 0.257 61 | 9 |
| 威海 | 1.480 01 | 0.573 85 | 1.361 55 | 0.704 86 | 3 |
| 日照 | 1.021 95 | 0.285 02 | −1.048 29 | 0.143 81 | 14 |
| 莱芜 | 1.135 19 | 0.411 81 | −1.146 33 | 0.263 43 | 8 |
| 临沂 | 1.050 86 | 0.326 80 | −0.744 03 | 0.203 87 | 11 |
| 德州 | 0.977 74 | 0.219 22 | −1.820 52 | 0.028 38 | 15 |
| 聊城 | 0.931 38 | 0.216 94 | −1.557 90 | 0.024 15 | 16 |
| 滨州 | 1.065 79 | 0.374 65 | −0.514 83 | 0.255 22 | 10 |
| 菏泽 | 0.959 84 | 0.208 36 | −1.810 24 | 0.014 36 | 17 |

注：（1）"主成分分析"选取10个主成分，累计方差贡献率分别达到96.90%。
（2）"综合得分"一栏中，为使三种方法测算结果具有可比性，对每种方法测算结果进行归一化处理，再求三种方法的算术平均数。

## 2. 预算产出效率综合测度

对原始数据进行标准化处理，计算所有投入和产出变量层指标在山东省17地市的平均值，将每个地市的投入与支出指标序列分别与相对应的平均值相除，然后每个地市的投入指标、产出指标按照整体以及分项社会事业投入产出的原则分别求和后计算各自投入指标和产出指标的平均值，以平均值序列为研究样本构建 DEA 模型，模型结构是凸的、规模收益不变、距离是额外的、面向输入，模型测度结果量化了在保持产出不变的情况下投入的必要减少量，必要减少量越大，预算产出效率越低，必要减少量越小，预算产出效率越高。在

EMS环境下，对山东省17地市的整体和分项社会事业的财政预算产出效率进行测算，由表4可知，综合排名为：青岛、烟台、潍坊、济宁、临沂、济南、菏泽、德州、聊城、滨州、淄博、泰安、威海、枣庄、日照、东营、莱芜。

部分地市预算产出效率偏低，财政预算资金的使用效率有较大提升空间。根据测算结果，莱芜市预算产出效率明显低于其他地市，东营、日照、威海等地的预算支出效率也亟待提高。预算产出效率与经济发达程度相关性不大。与预算产出效果与经济发达程度明显正相关不同，预算产出效率并未表现出这个规律，例如烟台、青岛、潍坊的效率排名相对靠前，而东营、威海、淄博则比较靠后。分项社会事业预算产出效率与整体效率差别不大。整体效率高的，分项社会事业产出效率也相应较高，只有个别数据除外，例如淄博市的交通运输产出效率和东营市的科技产出效率等。

### 3. 预算产出效果和产出效率测度结果的比较分析

表4　山东省17地市整体及分项社会事业产出效率测度结果（%）

| | 文化教育 | 科技 | 医疗卫生 | 节能环保 | 交通运输 | 社会保障与就业 | 整体效率 | 整体排名 |
|---|---|---|---|---|---|---|---|---|
| 济南市 | 12.20 | 42.71 | 19.33 | 14.51 | 45.07 | 17.46 | 19.68 | 6 |
| 青岛市 | 9.59 | 24.16 | 15.67 | 15.21 | 41.50 | 18.86 | 17.00 | 1 |
| 淄博市 | 24.59 | 36.11 | 30.53 | 14.66 | 120.18 | 29.46 | 30.05 | 11 |
| 枣庄市 | 28.36 | 66.36 | 23.10 | 34.04 | 44.52 | 36.82 | 37.13 | 14 |
| 东营市 | 36.08 | 105.42 | 51.85 | 36.06 | 32.21 | 75.69 | 51.05 | 16 |
| 烟台市 | 16.97 | 22.10 | 15.30 | 13.44 | 38.59 | 13.22 | 17.27 | 2 |
| 潍坊市 | 13.36 | 24.45 | 17.41 | 8.44 | 49.08 | 22.15 | 18.12 | 3 |
| 济宁市 | 11.27 | 27.47 | 12.12 | 17.28 | 29.57 | 21.71 | 18.24 | 4 |
| 泰安市 | 23.32 | 57.22 | 19.83 | 38.71 | 53.47 | 24.31 | 32.90 | 12 |
| 威海市 | 36.22 | 27.75 | 50.37 | 22.48 | 28.82 | 31.14 | 33.45 | 13 |
| 日照市 | 34.67 | 73.62 | 30.82 | 34.00 | 35.33 | 39.54 | 41.55 | 15 |
| 莱芜市 | 276.08 | 94.86 | 192.87 | 258.35 | 83.21 | 132.12 | 195.88 | 17 |
| 临沂市 | 14.87 | 47.77 | 9.42 | 13.13 | 45.11 | 11.75 | 19.62 | 5 |
| 德州市 | 24.03 | 36.22 | 16.07 | 16.86 | 47.56 | 22.00 | 26.75 | 8 |
| 聊城市 | 19.08 | 71.93 | 15.72 | 19.34 | 46.87 | 25.96 | 27.67 | 9 |
| 滨州市 | 28.28 | 57.20 | 28.77 | 19.12 | 30.03 | 19.15 | 28.68 | 10 |
| 菏泽市 | 13.72 | 47.52 | 10.15 | 27.53 | 45.80 | 14.43 | 22.26 | 7 |

按照预算产出效果与产出效率排名的大小关系，可以将山东省 17 地市分为两类。预算支出效率排名≥预算支出效果排名的地市有 9 个，分别是青岛、烟台、潍坊、济宁、临沂、菏泽、德州、聊城、滨州。预算支出效率排名小于预算支出效果排名的地市有 8 个，分别是济南、淄博、泰安、威海、枣庄、日照、东营、莱芜，8 个城市中除济南的预算产出效率与第一类差别不大外，其余城市的预算产出效率均大于 30%。例如淄博市，该地市的预算产出效果和产出效率在 17 地市中分别排名第 6 和第 11，显然其产出效率也有较大的提升空间，政府部门可以运用更少的财政预算达到现阶段所能提供的公共产品水平，在推进区域社会事业发展的同时，应更加重视社会事业预算资金使用的效益和效率，做到二者和谐发展。

## 四、增强山东省社会事业预算支出绩效的对策建议

### 1. 改善财政部门预算编制和执行能力

我国地方政府预算编制相对粗放，缺乏对地方政府运用预算资金的约束机制、激励机制和绩效评价机制，导致地区间或部门间资金浪费与资金短缺并存的现象出现。将绩效管理理念融入地方政府职能部门的预算编制和执行环节显得尤为必要。强化在预算编制环节的绩效理念，预算单位在编制预算时紧扣绩效目标；逐步建立以结果为导向的财政资金使用新模式，完善绩效评价体系和绩效管理流程，弥补部门预算不能解决财政拨款与产出效果脱节的缺陷；充分认识财政悖论即财政收入增长与收支矛盾正相关的问题，有效控制相关部门在预算支出尤其是项目支出争取方面存在的扩张冲动。

### 2. 优化财政预算支出结构

根据对分项社会事业预算产出效率的测算结果可知，同一地区的各项社会事业在保持产出不变的情况下投入的必要减少量各不相同，因此合理调整并优化公共支出结构成为提高预算支出绩效的重要途径。严格依照定员定额等标准编制、核定人员经费和公用经费支出预算；继续控制一般性支出，做好"人、车、会议、接待"和信息化建设等经费控制工作，合理安排各部门项目经费；加大对重点项目的投入力度，大力支持富含地区发展特色和符合地区发展利益的重点领域；加大对"三农"、教育、医疗卫生、社会保障、科技、公共交通运输、城乡社区管理、环境保护、公共安全等重点社会事业的支持力度，使公共财政最大程度惠及人民群众。

### 3. 加强对财政资金使用和管理情况的监督检查力度

在政府部门自身注重财政资金使用绩效的同时，应确保外部监督对资金使用绩效的促进作用。逐步扩大监督覆盖面，加大对财政资金使用和管理情况的监督检查力度；充分利用系统内监督检查机构和审计部门的监督力量，延伸检查范围，逐步实现事前、事中和事后的全方位监督；创新检查方式，将自查自纠与重点抽查、日常检查与专项检查有机结合；完善检查过程，确保检查工作能够发现影响资金使用效率的关键问题和症结所在；促进检查成果转化利用，逐步推进检查书面建议制度化，实现监督检查对改善财政资金使用效率的指导和规范作用。

《山东工商学院学报》2014年8月第4期

# 第三篇 三农发展

# 我国农村民主协商治理机制的实际运行及优化路径分析
## ——以山东、山西、广东省三个村庄的个案考察为基础

季丽新　张晓东

近年来，协商民主作为一种倡导民众就民众利益相关问题进行讨论和协商的新理念，无论是在学术还是政治领域都引起了重视。为了深入了解中国农村民主协商治理机制的发育水平和实际运行状况，课题组走进30个村庄进行专题调研，从中选取三个比较有代表性的个案进行分析，进而客观评价我国农村民主协商治理机制的特点和面临的问题，探讨完善农村民主协商治理机制的现实路径。

## 一、农村民主协商治理机制的基本内涵

科学把握民主协商治理机制的内涵，首先要分析治理概念。全球治理委员会于1995年发表了一份题为《我们的全球伙伴关系》的研究报告，认为"治理是各种公共的或私人的个人和机构管理其共同事务的诸多方式的总和"。治理是中性概念，主体既可以是公共机构，也可以是私人或社会团体，采取方式可以多种多样，管理的对象是治理主体的共同事务。从政治学角度分析，"治理"概念比"管理"概念包容性更强，无论在主体、方式和对象上都超越了传统意义上的政府管理。当代治理重在主体的多元化、权力的正当性和民众利益实现的考察。

由于历史、文化和社会条件等差异，不同国家、不同组织、不同领域采用的治理方式各不相同，民主协商是治理的重要方式之一。民主协商是广义的协商民主，具有极强的包容性。相对于狭义的协商民主，广义的协商民主所要达成的共识可以是达成理性的协议，然而赞成协议的理由各不相同，而且共识也可以以充分协商后的投票和选举来代替。民主协商不仅不排斥竞争性选举机制和多数决定机制，而且把协商、选举、代表制很好地结合起来，民主协商治理主体的形成离不开选举民主，民主协商共识的达成需要代表偏好的聚合。当然，民主协商与选举民主、代表制民主的侧重点不同：选举民

主侧重投票平等和通过投票直接表达意志；代表制民主聚焦在代表偏好的聚合机制上；民主协商要求平等参与公共决策过程，偏好理性思考，而且可以通过公共协商而改变，协商主体范围可以根据议题设定。因此，民主协商治理是在选举民主、代表制民主基础上发展起来的更能体现民主本质的治理方式，是对选举民主、代表制民主和狭义协商民主的超越和完善。民主协商蕴含的治理理念是任何公共政策都要通过公民的公共协商产生；确立的治理主体是积极参与公共事务的公共机构、私人或社会团体；采用的治理手段不应局限于投票，而且应该包括公开的讨论、对话；追求的治理效果是实现公共利益。

作为一种治理形式，治理实际上由三个层面构成，即价值、制度与机制。价值决定治理的目标和方向；制度决定治理的结构与功能；机制决定治理的运行方式与手段。在治理过程中三个层面相互影响，缺一不可。治理机制是治理的具体体现，是治理过程中各个要素的相互联系。治理机制的选择非常重要，直接决定着价值和制度的实现程度。治理主体是多元的，各个治理主体之间要以具体的运行方式相互连接；治理主体功能各异，各种功能要以具体的运行方式加以协调；治理的具体手段多种多样，要通过一定的运行方式进行整合。所以，治理机制就是以一定的方式把各个治理主体、各种治理功能和具体的治理手段联系起来，实现治理的价值目标。民主协商治理机制主要通过讨论、对话的方式协调各个治理主体之间的相互关系，不排斥通过投票达成共识和通过代表表达偏好，使各个治理主体发挥作用，制定决策，实现公共利益。农村民主协商治理机制就是农村各个治理主体之间要通过民主协商的方式协调关系，共同参与农村公共事务和公益事业，实现农村共同利益。

## 二、当前我国农村民主协商治理机制发育状况分析

实事求是地评估农村民主协商治理机制的发育水平，是优化农村民主协商治理机制的前提和基础。

### （一）研究方法

在研究方法上，本文在全国范围内选取了经济发展程度、城镇化水平和文化历史风貌各异的 30 个村庄，由该村的大学生利用 2013 年寒假通过现场观察和访谈调查获得第一手资料，然后对相关资料进行比照，从中选择具有一定代表性的个案进行剖析，说明农村民主协商治理机制和农村治理成效的

实际情形,重点探讨农村民主协商治理机制对农村治理成效影响的内在机理。

## (二)案例陈述

### 1. 山东省平度市A村

A村位于城市西郊,交通非常便利。全村约400户,人口1 700多人,耕地面积200亩左右,主要种植小麦、玉米和花生。2013年集体经济收入为1 500万元,农民人均纯收入约8 000元。由于该村地理位置优越,经济发展非常迅速,城镇化水平很高,曾多次被市委、市政府命名为先进党支部及文明农村。然而,据村民反映,某年村委会换届选举之时,某任村委会主任贿赂选民并成功当选,上任后依靠强大的经济实力和人脉关系实际掌控了该村的发展方向,村支书权力有限。村民代表会议和村民会议的形式仍然存在,但作用甚微,农民也没有建立任何民间组织,涉及村民利益的大事主要由村委会决定。以土地转让为例,村委会效仿一些城中村的做法,希望出让本村土地,便以种种利益引诱村民代表同意这一决定,很多村民敢怒不敢言。据村民反映:"村里老是卖地,等地卖完,村里以后怎么办?村里的人各顾各的,想反对村委会的决定,难啊!"可见,该村依然显出威权治理阶段的特征,在被调查的30个村庄中,大部分村庄都是如此。

### 2. 山西省沁水县B村

B村位于县城东南百里,是历史文化名村。村南有煤矿和火车站,交通便利,资源丰富。全村232户,770口人,耕种着580亩土地。村民的主要收入来源于耕种和外出务工,2013年村民人均纯收入为7 000元左右,处于城镇化过程中。让生活在这里20多年的大学生调查员感到惊讶的是,平时非常亲切的乡里乡亲一听到调查的话题涉及"民主""权力"等词汇,都退避三舍,甚至说:"姑娘,这跟我们没关系,你也别为难我们!"历经周折,访谈调查从村民代表会议开始。该村村民代表由村民小组推选产生,村民代表占村民代表会议成员的68.75%,文化程度均在初中以上。2013年,村委会主任召集了两次村民代表会议,就土地开发和村里卫生问题进行商议和讨论,达成了基本共识,通过举手作出决策。然而,村民代表会议的决策权力是形式化的和不完整的,村委会主任权力很大,在一定程度上可以左右村民代表的意见,甚至不经过村民代表会议讨论就实施某项决策。该村农民没有成立民间组织,只是按照上级要求成立了村务监督委员会、纪检监督小组,制定了村民询问和质询制度和民主评议党员及两委干部制度,但作用不大。总之,该村民主协商治理机制已经开始孕育,在被调查的 30 个村庄中,少数村庄民主协商治理机制的发育程度与 B 村类似。

### 3. 广东省化州市 C 村

C 村位于市区北 6.5 千米,西面临江。耕地 200 亩,主要农作物有水稻、甘蔗、黄麻等,主要由村中的老年人耕作,大多数年轻人外出务工。交通非常便利,城镇化水平不高。该村由 27 个自然村组成,村型较大,村情复杂。为了能够更好地反映村民意愿,C 村积极发挥村民小组会议和村民小组代表会议的作用,尊重各村民小组就本村组事务作出的决定。村民小组代表会议由村民小组长负责召集,每年召开 2~3 次。村民小组代表由小组成员推选产生,参会代表就每项议程发表意见,采用举手或者投票的方式作出决定。村民小组每年还要召集一次村民小组会议。2014 年 1 月 31 日,大学生调查员亲身经历了一次村民小组会议。会议由全体村民小组成员自愿参加,就 5 个议题进行了充分的讨论。其中有个关于买卖×岭的问题,×岭是村民集体财产,村中一些人贪图眼前利益,企图以欺骗、贿赂的手段鼓动村民委员会卖掉×岭,村民小组会议就此问题展开讨论。村民小组长首先发言,他说:"所有卖地致富的农村最后都会落入人贫地贫的下场。"一位村里的积极分子以自己艰难的打工经历告诉村民拥有土地的重要性。大部分村民给他们鼓掌欢呼。极少数想卖地的村民只是在私下里嘟囔几句,见没有什么希望就离开了会场。会议通过举手投票决定不出卖×岭。关于村民小组组长和村民小组代表人选问题:首先是村内积极分子讲话,介绍村民小组长这几年的业绩,然后另一位村民小组长候选人发表竞选演说,并承认现任村民小组长非常称职,结果是现任村民小组长留任。此外,会议还就土地耕作方式的变换、村务公开和乡村规划等问题进行了热烈讨论,有的达成共识,有的未达成协议。

## (三)案例分析

综合上述案例可以看到,在一些乡村,民主协商治理机制已经初步建立,并发挥一定作用。在山西省 B 村和广东省 C 村,以村民代表会议和村民小组会议为主要形式的民主协商治理机制初步显现出来。B 村村民代表产生规范,具有一定的议事能力。在土地开发等涉及村民利益的重大问题上,村民代表能够进行面对面的对话和商议,通过举手表决形成决策。在 C 村,由于村型较大,与村民利益相关的重大事项都要召开村民小组会议讨论。在村民小组会议上,村中见多识广的积极分子积极参政,引导村组会议作出正确决策。

这些做法，无疑使农村治理主体更加多元，便于形成治理合力。各治理主体的关系并不是单纯的上下级关系，村民代表会议和村民小组会议等的意见和决议得到一定程度的尊重。农村决策权力分散和下移，决策经过讨论和商议，更好地维护了农民的切身利益。

当然，案例还反映出，农村民主协商治理机制很不完善，威权治理机制依然发挥着强大作用。

第一，威权治理机制在农村治理方式中占据主导地位。威权治理机制是政治权力相对集中的治理形式，很容易引发干群矛盾和贪污腐败现象，与民主化趋势背道而驰。村党支部在治理中的领导作用在利益面前丧失，村民代表也成了村委会主任实现自己利益的工具，原子化的村民无力影响农村决策，农村治理权力落在村委会主任个人手中，治理主体的互动关系根本不存在。该村土地流转过程掩藏着暴利，而民主协商治理机制的缺失和村民民主意识的淡漠，给村干部捞取暴利提供了巨大的空间。我国绝大部分村庄仍然停留在利用威权进行治理阶段。

第二，农村民主协商治理机制非常不健全。一是农村治理主体单一。农民没有建立农民参与为主、以满足农民各方面需要为目标的民间组织，处于原子化状态，无法成为有实际影响力的治理主体。农村治理的权力主要掌握在乡镇党政组织、村两委、村民代表和农村精英手中，农村治理主体的平等互动关系没有完全建立。二是农村民主协商治理机制的规范性很差。普遍存在基本程序不清晰，协商内容和范围不确定的现象。三是农村民主协商治理机制中的平等性得不到保证。很多村民没有参与民主协商的机会，只能通过代表表达自己的意愿；很多参与者在利益和权力的利诱和威胁下，不敢表达自己的真实想法。四是农村基层党组织在民主协商中的领导作用不明显。一些农村基层党组织习惯了威权治理形式，要么扼杀和控制民主协商，要么听之任之。五是农村民主协商制度化水平很低。相应的制度构建严重滞后，民主协商治理的主体、程序、责任等规范还不清晰。

第三，农村民主协商治理形式单一。在已经建立民主协商治理机制的村庄中，村民代表会议的作用受到了不同程度的重视，然而，村民大会、村民小组会议、村民质询机制、民主恳谈会、村民听证会等民主协商治理形式的作用没有充分表现出来，不同民主协商治理机制之间的功能互补无法实现，降低了农村民主协商的质量。从一定意义上讲，农村民主协商的形式越多，农民影响农村决策的机会也越多。仅采用村民代表会议一种协商机制，致使大部分农民被排斥在民主协商之外，被排除者的利益无法得到保证，民主协商的真正目的不能实现。

第四，农民政治水平有待提高。农村民主协商治理机制能够发挥作用的关键在于农民，农民的政治水平要与农村民主协商治理机制相匹配。但从案例中可以发现，一些农民缺乏公共意识，只顾眼前利益，导致通过民主协商维护公共利益的目标无法实现；一些农民的分辨能力较低，在协商中的自主能力较差，很容易被少数人操纵；一些农民民主意识和权利观念缺乏，不能主动推进农村民主协商，对公共事务漠不关心，任由少数人决定村庄的命运；绝大多数妇女游离于农村公共事务之外，不珍惜自己的民主权利，影响了农村民主协商治理机制的完善。

总之，农村民主协商治理机制的发育程度还很不均衡，农村大部分地区依然依靠少数人的权威进行治理；少部分地区民主协商治理机制仅具雏形，处于从威权治理向民主治理转变过程中；极少数地区民主协商治理机制的运行已经步入正轨，但仍然存在很多问题。

## 三、农村民主协商治理机制影响农村治理成效的内在机理和表现

农村治理成效一直是人们非常关注的话题。进入新世纪以来，党和国家从战略高度推进新农村建设和城镇化进程，努力缩小城乡差距，力图扩大农村治理成效。然而，在相当长的历史时期，人们更多采用"经济发展"和"社会稳定"两大指标衡量农村治理成效，农村治理评价指标的简单化带来了人们意想不到的严重问题。随着人们认识水平的提高，精神文明、生态环境、社会发展、民主管理等都成为评价农村治理成效的重要标准。当前，我国农村治理面临着很多困难，农民参与问题、经济建设问题、分配和福利问题、农村生态环境问题都亟待解决。从短时期看，民主协商作为农村治理的方式，并不能使农村治理取得立竿见影的效果，甚至在某些领域还不如权威治理见效快，但从农村的长远发展考虑，民主协商治理机制的完善有利于促进农村的全面进步和均衡发展，维护广大农民的利益，提高农民的道德和智慧水平。

### （一）农村民主协商治理机制能够提升农民的政治水平，促进农民的道德和智慧

"对任何政治制度来说，首要问题就是在任何程度上它们有助于培养社会成员的各种可向往的品质——道德的和智力的，或者可以说（按照边沁

（Bentham）更完善的分类），道德的、智力的和积极的品质。"从调查中可以看到，农村民主协商是农民不断学习的过程。第一，农民的政治价值观和偏好获得了转化的机会。民主协商具有一种道德和教育效应，农民在表述自己的观点和回应他人意见的过程中，往往要站在公共利益的角度考虑问题，消除道德上的自私自利和狭隘的自我中心主义，使各方能理解彼此的立场、拓宽彼此的心胸，进而把私利提升为公利，减少基于个人经验的不理性意见的表达，增强维护公共利益的责任。在 C 村，一些主张卖地获利的农民在听取了他人的意见之后，转变了观念。第二，农村民主协商隐含着一种承诺，就是参与协商的农民要彼此尊重、相互合作，互相妥协，正是这一过程培养了农民的合作意识和妥协精神。在 C 村村民小组会议上，村民在土地、村组长人选和村务公开等问题上相互配合，有些村民基于公共利益作出了妥协。第三，农村民主协商对农民参与并影响政策的能力是一种锻炼，增加了农民的政治效应感，同时，农村民主协商过程是农民学习和掌握政治知识和政治技能的过程，通过对相应议题的了解、思考和表述，对各种话题的讨论、辩论和推理，农民参与者的政治认知水平、表达能力、辩论能力、推理能力等都会有显著的提高。即使协商没有成功，协商过程的农民教育意义也依然存在。在调查中，调查员发现，民主协商因素越浓厚，村民的民主能力和民主素质越高。我们相信，农村民主协商治理机制在提升农民道德和智慧方面的优势，很可能给农村带来其他方面的治理成绩，因为民主协商治理机制的一切可能的优点正是有赖于农民的道德和品质。

## （二）农村民主协商有利于实现农村决策的民主化，减少决策失误

民主协商强调充分讨论、对话和反思程序，从而不断吸收大家的智慧和意见，拓展了视野并纠正狭隘的观点，使"有限的理性"得到一定程度的纠正，激发了参与者正确的和良好的意见表达，更加容易接近问题的本质，这是一种相对容易达成共识和信息较为充分的决策方式，改善了民主决策的质量。另一方面，在畅谈理由、理性表达存在的地方，可以抑制少数人利用决策权力谋取私利的行为，进一步辩论和对话的力量可以减少权势、财富、暴力的影响，贿赂和恐吓往往派不上用场。在农村，民主协商优化了基层民主决策程序，减少了决策失误；公共决策因融入农村民众的意见，增强了合法性，提高了政策执行的效率；即使不一定是完全正确的决策，也可以在农村

民众中产生更多的理解和信任,减少农村政策执行的成本。在 B 村,村民代表就土地开发和村里卫生问题进行商议和讨论,达成了共识,保证了决策的合法性和决策的执行;然而,在天然气价格问题上,村主任一意孤行,村民意见很大,气表安装工作遭到了大部分村民的抵制。

### (三)农村民主协商治理机制的建立缓解了农村矛盾,有助于促进农村稳定

民主协商治理机制是公民表达愿望的平台,是公民发泄不满的渠道,是社会矛盾的缓冲阀。农村民主协商治理机制运作过程中,农民就农村公共事务广泛发表意见,以共同利益为取向形成决议,避免了以权谋私现象的发生,有利于干群关系的改善。民主协商的开展,使农民理性地表达自己的愿望,了解他人的想法,促进了农民之间的交流和理解;民主协商为农民提供了表达愿望、缓解情绪的渠道,把农民参与纳入到制度化轨道,促进了农村社会和谐。在 C 村,村民小组会议机制不仅密切了干群关系,而且促进了农民之间的关系,村庄人际关系和谐,老百姓怨气少。当然,我们更应看到,正是由于我国农村民主协商治理机制发育较晚,程度不高,农村治理出现了很多问题,形成了大量负面效应。平度市 A 村已经卸任的老书记说道:"如果现任村委会的领导不改变独断专行行事作风,不以村民的集体利益为重,盲目搞农村城市化,村里的发展会出大问题"。2014 年发生在平度市杜家疃村的 3.21 纵火大案,就是由于基层民主协商和民主监督缺失,以土地为核心的集体资产被村干部自由支配,中饱私囊,沦为谋取私利的工具。托克维尔在《旧制度与大革命》中说道:"勒特罗纳对国家抛弃农村、使得农村一无道路、二无工业、三无知识深表痛惜,但他丝毫未想到如果将农村事务交给农民负责,事情便会办得更好。"农村治理主体的多元化和农村治理权力的下移,将为农村治理带来新的生机和活力。

## 四、积极发展和完善农村民主协商治理机制

当前,我国农村正处于快速城镇化阶段,由于缺乏必要的民主监督,某些农村基层干部利用手中的权力操纵以土地为核心的农村集体资产,侵犯农民利益,严重影响了党在农民群众中的形象,引发了大量的群体性事件,农村治理机制的转型必须提上日程。《中共中央关于全面深化改革若干重大问题

的决定》指出:"协商民主是我国社会主义民主政治的特有形式和独特优势,是党的群众路线在政治领域的重要体现。"

## (一)提高农村基层干部推进民主协商的积极性

在农村政治权力依然非常集中的情况下,农村基层干部是否真心实意支持农村民主协商治理对农村治理转型非常关键。一是因为农村民主协商治理机制的构建是对乡村权力结构的重大调整,意味着农村基层干部必须转变传统的领导方式,尊重农民的民主权利,把农村事务的决策权还给农民;否则,农村民主协商治理机制要么无法建立,要么成为摆设。二是农民政治水平偏低,农村基层干部应该主动向农民灌输公共观念,训练农民的政治能力。所以,农村基层干部在创新民主协商治理机制过程中的态度举足轻重。在上述案例中,我们看到,村干部是否愿意启动民主协商程序成为农村民主协商治理机制得以建立的关键因素。要让农村基层干部看到,伴随着农村各项改革的深入,尤其是农村城镇化速度的加快,农村社会危机和风险不断积聚,治理机制的转换有助于解决这些难题。上级党组织可以尝试把民主协商治理机制的创新纳入到对农村基层干部的考核体系中,给予必要的精神奖励和职务晋升机会,从而增加他们的主动性和积极性。

## (二)进一步发展农村民间组织

农村民间组织是农民自主成立,并以满足农民各方面需求为目的的农民自我管理、自我教育和自我服务的组织。农村民间组织自身是民主协商的重要场域,农民可以在民间组织中采用民主协商的方式开展活动。同时,农民也能够以组织的形式参与到农村其他民主协商治理形式中,组织起来的农民能够更加清晰地表达意愿,更有力地影响决策。当前,我国农村民间组织发展严重滞后,总的来看,很多村庄民间组织缺失,案例中的三个村庄都没有建立农村民间组织;即使建立了组织,民间组织类型也非常单一,无法满足农民多方面的需求;很多农村民间组织运作非常不规范,组织领导人缺乏民意基础、少数人垄断管理权力、收益分配不公平等现象大量存在;有的农村民间组织仅仅是为了利用国家优惠政策和套取国家资金支持,这些组织徒有虚名而无实际作用;有的农村民间组织缺乏自治性,成为某些组织和个人的工具。对此,党和国家必须高度重视,既要从资金支持、政策供给、人员培训等各个方面为农村民间组织发展提供便利条件,又要加强管理,依法规范。

### (三) 采取多种形式提高农民政治水平

从协商角度看,农民的政治水平是农民发起协商、交流对话和影响协商结果的能力。无论是从政治平等而言,还是从有效参与角度,农村民主协商中的政治能力问题非常重要。在一定意义上,具有最低限度的民主协商能力,即有能力发起关乎自身利益的协商是检验民主协商治理合法性的标准,即使一些农民不同意协商的决策,也是如此。密尔指出:"还须记住政治机器并不自行运转。正如它最初是由人制成的,同样还须由人,甚至由普通的人去操作。它需要的不是人们单纯的默认,而是人们积极的参加;并须使之适应现有人们的能力和特点。"

在 A 村,村民代表会议、村民小组会议机制都已建立,但当地农民代表和农民没有能力和勇气使之运转起来并成为民主协商的平台,致使该村民主协商成为空谈。为此,首先,要着力提高农民的政治文化水平,因为如果某一协商者无力提出自己的主张并使自己的主张能够具有公共说服力,他们的协商效力就会受到限制。其次,出台促进农民参与的公共政策,包括农民教育、农村社会福利和农村社会安全措施。再次,鼓励农民成立各种民间组织,通过他们建立的组织,农民就能够建立他们的社会网络并更有效地进入民主协商领域。最后,拓宽政治社会化渠道,向农民灌输公共意识,向他们的内心注入对家乡的感情,培养农民的公共责任意识。

### (四) 从当地实际出发构建各具特色的农村民主协商治理机制

我国农村幅员广阔,人口众多,地区差异很大,农村民主协商治理机制的构建首先要与所在场域的经济、社会、文化和历史状况相适应。农村民主协商治理机制的构建还要注意:一是确保协商过程的有序性;二是让农民尽可能多地拥有民主参与的机会;三是每个农民都拥有提出问题、争论证据和影响决策的同等机会;四是力争使协商过程富有成效;五是承认协商参与者之间存在利益差异。当前,我国农村已经衍生出多种多样的民主协商治理形式,如村民代表会议、村民会议、村民小组或村民小组代表会议、乡村干部与村民对话会、村民民主评议会、民主恳谈会、村民民主听证等。从农村经济发展、农民政治水平和农民大量流动等实际出发,村民代表会议可以发展为农村经常性的民主协商机构。当然村民会议的广泛民主性是其他形式的民主协商机制无法替代的,每年都应创造条件召开一次。村民小组会议或村民小组代表会议具有独特的优势,村民联系比较紧密、信息成本低、人数相对较少，可以成为村民代表会议和村民会议的补充，但要尽量避免宗族力量把持、狭隘的村组利益倾向等问题。就大部分乡村而言，村民会议、村民代表会议、村民小组会议形式已经建立，只要引进民主协商的原则，就可以较为容易地转变为民主协商治理机制，这是一种减少制度成本的做法。同时，要大胆创新，根据本地实际情况构建丰富多彩地民主协商治理机制，形成制度化的协商与在社会范围内的广泛协商互动的局面。

《中国行政管理》2014年第9期

# 2001—2012年山东省农业信息化发展水平评价

王淑靖

## 一、引　言

### 1. 研究意义

21世纪以来，我国正在快速进入以知识经济为主的信息化社会，信息技术在农业中发挥的作用也越来越明显（高万龙，2005；王志诚等，2007）。山东省既是农业大省，也是"十二五"期间国家农村农业信息化示范省建设的首个试点省份，提高农业信息化水平是山东省乃至全国实现农业现代化的必经之路。因此，探讨山东省农业信息化现阶段的发展水平和特点，总结发展过程中存在的问题并提出解决思路，对提高山东省农业现代化水平具有重要意义。

### 2. 研究进展

目前，我国农业信息化正处于快速发展阶段，相关研究主要集中在以下几个方面：一是农业信息化现状、问题及发展对策研究，如于冷和戴平（2001）对上海农业信息化发展的现状和条件进行系统分析，明确了当前农业信息化发展的有利条件和不利因素，并提出上海农业信息化发展的总体思路和主要建设内容；杨宝祝（2007）介绍了农业信息技术与农业信息化的内涵和应用现状，阐述了我国农业信息技术应用与农业信息化建设中存在的问题和解决途径，并提出发展战略性意见；汪冰（2008）分析了我国农业信息化建设现状，并提出推动我国农业信息化发展的建议。二是农业信息化服务平台、服务系统建设研究，如何志勇（2010）从各地区农业信息化服务不平衡的现状出发，分析了区域性农业信息服务平台的构建；张爱军和姚英辉（2010）基于呼叫中心技术对内蒙古农业生产信息服务平台的应用进行了研究。三是农业信息化水平测度与评价，主要包括评价指标体系的构建、不同地区评价结果的比较等。此外，还有关于具体的农业信息技术应用的研究及农业信息化与农业现代化、产业协调等方面的研究（谭玲玲，2009；高万林等，2010）。

### 3. 本研究切入点

目前，采用量化评价方法对山东省农业信息化发展水平进行测评的研究鲜见报道。

## 4. 拟解决的关键问题

运用层次分析法对2001—2012年山东省农业信息化发展阶段特点及存在问题进行分析,并提出相关对策,以促进山东省农业信息化、现代化进程。

## 二、材料与方法

### 1. 评价指标体系的构建

目前,我国关于农业信息化的评价指标体系多是建立在《国家信息化指标构成方案》的20项指标的基础上。本研究在参照《国家信息化构成方案》及前人研究成果的基础上,根据评价指标的科学性、全面性、代表性、动态性及可获取性等原则,拟从总量现状、基础条件、软件水平及发展潜力4个方面进行山东省农业信息化发展评价指标体系的设计。其中总量现状代表不同年份农业信息化的综合发展情况,主要通过农业信息化的产值及比重等来表示;基础条件是指农业信息化的基础设施建设,包括电话、电视、计算机、广播、邮电等的普及率;软件水平是指农业信息化专业人才水平,通过农村劳动力学历水平及信息化从业人员数量等来表示;发展潜力主要从农业科技成果、农业投资等技术和资金保障两个方面来衡量。层次分析法(Analysis Hierarchy Process,AHP)有清晰的指标体系层和科学合理的权重配置方法,是目前农业信息化评价采用较多的一种方法。结合评价指标体系的设计思路,本研究采用层次分析法设计山东省农业信息化发展评价三层指标体系(表1):目标层为农业信息化发展综合水平;项目层包括4个,分别为农业信息化水平的总量现状、基础条件、软件水平及发展潜力;在项目层之下设置评价因子层,共包括18项评价因子。

表1 山东省农业信息化发展水平评价指标体系及指标权重
Tab.1 The evaluation system and factor weight table of Shandong agricultural informatization

| 目标层 Targets | 项目层 Items | 项目层权重 Weight | 判断矩阵一致性检验 Consistency test | 因子层 Factors | 因子层权重 Weight | 判断矩阵一致性检验 Consistency test |
|---|---|---|---|---|---|---|
| 农业信息化发展综合水平 A Comprehensive level of | 总量现状 B1 | 0.170 5 | CI=0.079 3 RI=0.90 CR=0.088 | 农业总产值 C1 | 0.073 3 | CI=0.087 1 |
| | | | | 农业信息产值及比重 C2 | 0.798 9 | RI=0.90 |
| | | | | 农民人均纯收入 C3 | 0.127 8 | CR=0.096<0.1 通过检验 |

| 目标层 Targets | 项目层 Items | 项目层权重 Weight | 判断矩阵一致性检验 Consistency test | 因子层 Factors | 因子层权重 Weight | 判断矩阵一致性检验 Consistency test |
|---|---|---|---|---|---|---|
| agricultural informatization development | 基础条件 B2 | 0.110 6 | | 每百户农村住户拥有固定电话数量 C4 | 0.123 5 | CI=0.1015 |
| | | | | 每百户农村住户拥有移动电话数量 C5 | 0.072 3 | RI=1.45 |
| | | | | 每百户农村住户拥有电视及广播数量 C6 | 0.107 2 | CR=0.070 |
| | | | | 每百户农村住户拥有计算机数量 C7 | 0.164 2 | |
| | | | | 人均图书馆书量 C8 | 0.093 7 | CI=0.0465 |
| | | | | 邮电业务总量 C9 | 0.076 4 | RI=0.58 |
| | | | | 农村每年用电总量 C10 | 0.103 5 | CR=0.080 |
| | | | | 广播节目综合人口覆盖率 C11 | 0.084 5 | CI=0.0341 |
| | | | | 电视节目综合人口覆盖率 C12 | 0.174 7 | RI=0.90 |
| | 软件水平 B3 | 0.529 0 | | 农村住户大专及以上学历劳动力数量 C13 | 0.301 1 | CR=0.038 |
| | | | | 农业信息化从业人员 C14 | 0.689 8 | CI=0.0465 |
| | | | | | | RI=0.58 |
| | 发展潜力 B4 | 0.189 9 | | 农业重要科技成果 C15 | 0.416 2 | CR=0.080 |
| | | | | 农业固定资产投资额 C16 | 0.139 8 | CI=0.0341 |
| | | | | 财政支援农业的支出 C17 | 0.297 4 | RI=0.90 |
| | | | | 财政教育支出 C18 | 0.146 6 | |

## 2. 指标权重的确定

本研究邀请农业科学、农业管理相关领域的专家、学者、政府管理人员及企业管理人员等参与权重评价，共发放调查问卷 300 份，回收调查问卷 298 份，回收率为 99.33%；有效问卷 293 份，有效率为 98.32%。对于同一层次的相关指标对上一层次某一指标的重要性按照 1~9 标度法进行比较，得出山东省农业信息化水平评价的 5 个判断矩阵，进而计算出各层次指标的权重（表1）。为了保证权重的合理性，对每一个判断矩阵都进行了一致性检验，由于各矩阵的一致性比例 CR<0.100，符合一致性检验的要求，说明权重确定比较合理。

## 3. 研究方法

根据表 1 的指标体系设计，构建山东省农业信息化发展水平的综合评价模型：

$$SDI = \sum_{i=1}^{m} Wi \left| \sum_{j=1}^{n} Wij * Aij \right|$$

其中，SDI 为山东省农业信息化发展综合水平；$m$ 为农业信化发展水平评价指标体系二级指标个数，$i=1，2，3，…，m$；$Wi$ 为第 $i$ 个二级指标的权重；$n$ 为第 $i$ 个二级指标的三级指标个数，$j=1，2，3，…，n$；$Wij$ 为第 $i$ 个二级指标中第 $j$ 个三级指标权重；$Aij$ 为第 $i$ 个二级指标中第 $j$ 个三级指标无量纲化后的值。

## 4. 数据来源与处理数据

来源于 2002—2013 年的《山东统计年鉴》和《中国统计年鉴》。利用 SPSS 17.0 统计分析软件对原始数据进行 $Z$ 标准化的无量纲处理，然后根据 $T=10Z+50$ 计算 $T$ 分数，在每项具体指标的 $T$ 分数基础上按照山东省农业信息化发展水平的综合评价模型加权计算，得出各年份的评价结果。

# 三、结果与分析

## 1. 总量现状

从总体来看，2001—2012 年山东省农业信息化发展综合水平不断提高，信息技术在农业领域的应用越来越广，农业信息化成效显著。然而，总量现状得分呈先下降后上升的趋势，由2001年的54.25下降至2006年的44.21，然后又从2007年的46.29上升至2012年的58.44（表2）。原始数据显示农业信息产值、农民人均纯收入及农业GDP的指标分数呈不断上升趋势，出现这种情况的原因主要是因为农业信息产值在总GDP中的比重出现了先下降后上升的变化趋势，表明评价期内山东省农业信息化产值与总GDP增长速度脱节。从实际来看，现代农业产前、产中和产后的信息服务业配套不完善，与农民大量的信息需求相比，信息机构服务能力较为欠缺，农业信息服务业产值在地区总增加值中所占比重较低，农业信息服务业发展尚未得到足够重视。

表2 2001—2012年山东省农业信息化发展水平评价结果

Tab.2 Evaluation results of Shandong agricultural informatization level from 2001 to 2012

| 年代 Year | 总量现状 Total amount | 基础条件 Basic conditions | 软件条件 Software level | 发展潜力 Development potential | 综合得分 Composite score |
|---|---|---|---|---|---|
| 2001 | 54.25 | 37.28 | 37.60 | 51.38 | 43.02 |
| 2002 | 51.90 | 38.91 | 39.26 | 49.31 | 43.29 |
| 2003 | 47.59 | 40.86 | 40.44 | 48.56 | 43.25 |
| 2004 | 45.86 | 43.76 | 42.45 | 50.64 | 44.73 |
| 2005 | 44.81 | 48.34 | 46.57 | 43.39 | 45.86 |
| 2006 | 44.21 | 50.33 | 47.47 | 44.77 | 46.72 |
| 2007 | 46.29 | 53.12 | 48.13 | 46.12 | 47.99 |
| 2008 | 48.34 | 53.78 | 51.28 | 47.13 | 50.27 |
| 2009 | 50.06 | 55.97 | 58.02 | 49.83 | 54.88 |
| 2010 | 52.76 | 57.91 | 62.16 | 56.41 | 58.99 |
| 2011 | 55.54 | 56.62 | 63.20 | 53.51 | 59.32 |

## 2. 基础条件

山东省农业信息化基础条件水平呈逐年提高的趋势，从得分来看，2003—2007年山东省农业信息化基础水平提高较快，而后增长速度变缓（表2）。结合实际情况，可能是由于虽然山东省一直强调农业信息化工作的重要性，但省、市、县、镇等各部门在理解认识上并未统一，甚至有些地区只是在建设了少量的信息化基础设施之后便处于观望状态，农业网站常年不更新的现象时有发生。加之目前全省大部分农民还延续传统思想，认为互联网、广播电视等更多的是娱乐功能,对于农业经济网络信息这种新生事物不易接受,因此农民利用网络来获取相关农业信息和进行电子商务的积极性不高,导致农业信息化基础条件发展后劲不足。

### 3. 软件水平

虽然山东省农业信息化软件水平在逐年提高(表2),但与同一年份的硬件水平横向比较,基本上是硬件水平得分更胜一筹,说明农业信息化专业人才总量与水平亟待提高。值得一提的是山东省农业信息化软件水平从2008年开始有了大幅提高,是由于近年来山东省加大农村新学员和农业信息化专家队伍的建设力度,同时采用学校、社会及继续教育等多种模式为农户和农业技术人员提供良好的学习渠道,此外还鼓励农业企业信息研发人才定期对农户进行信息技术培训,这些措施均有力推动了山东省农业信息化软件水平的大幅提高。

### 4. 发展潜力

2001—2006年,山东省农业信息化发展潜力得分波动较大(表2),是全省农业信息化的各项投入规模不大且不够稳定所致。由于农业信息化投入在前期经济效益不易快速显现,所以大都需要政府来承担各项费用进行扶持,但这部分投入时有时无,时多时少,导致农业信息化工作运转不稳定,甚至有些地区已构建好的农业网站、热线服务电话等无法正常运行,既浪费了前期的资金投入又无法发挥硬件设施的后续作用。但这一状况在"十一五"后期及"十二五"期间有了明显改善,山东省农业信息化工作得到了足够重视。

## 四、建 议

### 1. 加强农业信息化专业人才培养,提高农民信息化水平

应高度重视农业信息化教育,制定农业信息化人才培养计划,针对不同群体开展多种形式的培训。农村中的青年对计算机网络相对较熟悉,可以通过讲座等形式进行农业技术培训,使其将农业技术知识和互联网结合起来,以农村信息员的角色进行农业信息的传递和服务。对于文化素质偏低的普通村民可以进行简单的计算机操作培训,使其掌握浏览农业网站、自主搜集和查阅相关信息的能力,使广大农民更主动地参与到农业信息化建设中。此外,可以利用高校和培训机构,培养农业信息化应用型专业人才以及农业技术高级研发人才。

## 2. 提高农业信息服务业的配套服务能力，促进农业信息资源的推广和利用

农业信息服务业配套服务能力的提高对农业信息化快速发展尤为重要。因此，可建立农产品产销服务系统，对农产品特别是鲜活农产品的生产、价格及市场进行监控和分析，并及时通报分析结果。此外，针对山东省农产品出口较多的情况，建设农产品进出口贸易监测预警系统，及时发布国际市场行情、贸易规则、相关国家的进出口政策等信息。同时，构建农业专家服务系统，组建专家服务网络平台，为农民提供农业技术、政策等的咨询服务。

## 3. 加大政府在农业信息化建设中的作用

应加强农业信息化的组织管理，设置专职部门负责农业信息化工作的开展，同时在信息化人才、资金投入和政策方面均给予稳定的扶持，将农业信息化作为产业发展的重要项目，统筹规划，有序开展。政府除加大自身在农业信息化基础设施建设方面的投入外，还应开拓多元化的投资渠道，鼓励省内大企业和社会力量参与到农业信息化建设中，并使个别企业尽早受益，通过榜样的力量让更多的企业及农民看到农业信息化所创造的效益，增强广大农民参与信息化建设的积极性和主动性（周启刚，2012）。

## 4. 加大农业信息化的科技含量，鼓励农业科技成果创新

一方面，要提高农业信息化服务平台的技术含量，使其能够更快更有效的提供服务。具体为：促进政府、农业科研院所及高校的相互交流与合作，积极研究农业信息化关键技术，同时对新技术进行集成、试用等研究，鼓励自主创新。此外，要不断关注国际上农业信息化技术的最新前沿，学习和借鉴相关研究成果，提高山东省农业信息化的技术水平。另一方面，政府要加大农业科技基金项目的扶持力度，采取适当的激励措施，鼓励农业科研部门积极创新新技术、工艺、方法及农产品新品种，并通过信息化网络平台更好地进行推广和应用，将信息技术与农业科技成果相结合，更进一步体现农业信息化价值。

《南方农业学报》2014 年 8 期

# 新视角下山东城乡二元经济结构实证分析

刘 弈  王艳明  王 静

## 一、引 言

刘易斯、拉尼斯和费景汉等早期发展经济学家认为，发展中国家普遍存在着在社会文化和经济制度方面有颇大差异的现代部门和传统部门，前者以现代工业为代表，拥有先进的技术，能够以较高的劳动生产率创造出更多的价值，并获得可观收入；而后者以传统农业为代表，技术落后、生产率水平极低甚至为零、工资率水平低下、存在大量剩余劳动力。前者追求利润最大化，客观上需要吸纳后者的剩余劳动力，为其扩大生产规模进行资本积累，同时支付较低的工人工资，于是，财富更加集中到前者。乔根森在农业剩余基础而非刘易斯模型的剩余劳动基础上，提出了乔根森模型，他认为当且仅当农业剩余大于零且持续增加时，农业劳动力才会向城市部门转移，但是乔根森模型却忽略了农业物质投资的重要性和城市失业等方面。托达罗模型引入"期望收入"以替代"二元经济模型"中城市居民的实际收入，从城乡就业的角度，更好的解释了当前发展中国家劳动力向城市转移与城市高失业率并存的现象。

关于城乡二元经济结构理论问题的探索和研究的一直也是国内经济学界关注的热点，这些研究基本上是以"刘易斯—费景汉—拉尼斯"模型为出发点，结合中国不同时期发展的实际情况，形成了一系列观点。张庆禄、陈志刚大体上将这些观点分为传统的二元经济结构论、改良的二元经济结构论和多元论三个类型。其中，改良的二元论认为随着经济的发展，我国经济逐渐表现出一种比较特殊的环二元经济结构，体现为在现有的城乡二元结构中，又存在"次经济元"或"微经济元"，即城市部门内部细分为现代工业和传统工业，农村部门内部细分为传统农业和以乡镇企业为代表的现代农业，这方面类似于多元论中的"四元论"。

本文正是基于改良的二元论，认为农村部门中蓬勃发展起来的乡镇企业不容忽视，农村部门产值除包括第一产业农业增加值外，还应该包括乡镇企业增加值，而绝大多数论文是基于传统的经济二元论，以第一产业来衡量乡村部门产值，这严重低估了乡村部门的实际产值，影响问题的研究。因此，有必要以新的视角重新思量城乡二元经济结构，尤其是像山东省这样的经济和人口大省。本文通过构建不同的指标实证分析该省城乡二元化经济结构现状、强度及其与经济增长的关系问题,为探索山东省新型城镇化建设做铺垫。

## 二、指标体系的构建和数据选取

### (一)城乡二元结构评价指标体系的构建

1. 现状分析指标(见表1)

表1　城乡二元经济结构现状指标

| 指标 | 存在城乡二元结构 | 城乡二元结构向城乡一体化转化时期 | 基本完成了城乡一体化 |
| --- | --- | --- | --- |
| 城乡居民消费差异系数($C$) | $C \geq 0.5$ | $0.2 \leq C \leq 0.5$ | $C \leq 0.2$ |
| 城乡居民收入差异系数($S$) | $S \geq 0.5$ | $0.2 \leq S \leq 0.5$ | $S \leq 0.2$ |

表中:$C=1-$农村居民人均全年消费支出/城镇居民人均全年消费支出;
　　　$S=1-$农村居民人均纯收入/城镇居民人均可支配收入。

2. 强度分析指标

(1)比较劳动生产率。

该指标反映1%的劳动力创造的产值比重,计算公式为比较劳动生产率等于各部门产值相对比重与劳动力相对比重之比。根据经验,我们可以用图形形象的表示,如图1所示。一般来说,农业部门比较劳动生产率以"U"型形态变动,且总是低于1;非农业部门比较劳动生产率以倒"U"型形态变动,且总是高于1,而且两部门的比较劳动生产率相差越大,说明经济结构的二元性就越强。

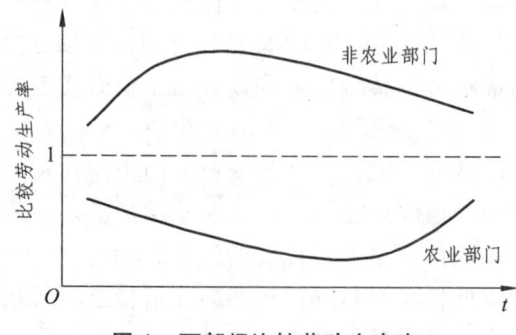

图1　两部门比较劳动生产率

（2）二元生产率对比系数。

该指标等于乡村和城镇两部门比较劳动生产率之比，用于测度城乡二元结构的总体水平差异，是目前反映这一问题的主要指标，该指标与经济结构二元性的强度呈反向变动关系，即当该指标越大（越接近 1 或 100%）时，表明以比较劳动生产率指标衡量的两部门的总体水平差异越小，经济的二元性越弱；反之，则表明经济的二元性越强。

（3）错位幅度、就业滞后程度。

错位幅度=乡村部门 GDP 比重－劳动力比重，反映乡村产值转换与就业转换"错位"的绝对差距，如果为负，即表明乡村劳动力比重高于乡村 GDP 比重，说明乡村就业转换滞后于产值转换。就业滞后程度＝乡村错位幅度/乡村 GDP 比重，反映乡村产值转换与就业转换"错位"的相对差距。

（4）二元规模对比系数。

该指标为乡村产值比重与城镇产值比重之比，用来反映两部门相对规模的变动情况。一般而言，该指标值越小，则表明在整个经济体中乡村的比重越低，或者城镇部门发展得越快，即代表经济的二元性减弱；反之，则表示经济的二元性增强。

（5）二元结构系数。

二元结构系数为二元生产率对比系数和二元规模对比系数之比，综合考虑了生产率指标和规模指标，弥补了比较劳动生产率在实际分析中存在的缺陷和片面性，更具代表性。当该指标提高时，说明两部门的比较劳动生产率差距在缩小或者城镇部门的发展快于乡村部门，或者两者兼而有之，需要结合实际经济发展状况来判断。

（二）数据选取与处理

由于目前国家统计局还尚未明确公布城镇和农村各部门生产总值的相关数据，本文采用蔡昉的观点，认为农村产值除包括第一产业农业增加值之外，还应包括乡镇企业在第二产业和第三产业的增加值，因此，计算公式为农村部门 GDP =第一产业 GDP+（乡镇企业增加值-乡镇企业第一产业增加值）；城镇部门 GDP = GDP-农村部门 GDP。数据选自《山东统计年鉴 2012》《新中国六十年统计资料汇 1949—2008》、1996—2006 年《中国乡镇企业年鉴》、2007—2011 年《中国乡镇企业及农产品加工业年鉴》、历年《中国农业年鉴》，并对有关基本指标进行相关处理。

## 三、实证研究

### （一）山东省城乡二元经济结构演变考察

#### 1. 城乡居民收入差距

城乡居民收入差异系数、消费差异系数在波动中上升，城乡收入差距整体上呈现出逐步拉大的趋势，收入差异系数由1984年的0.38稳步上升到1994年的0.62，后又下降到1998年的0.54，与此同时，消费差异系数也在波动中上升到阶段性高点后有所回落，随后随着经济进入高速发展阶段，收入差异系数逐步上升到2009年的阶段性新高点0.66，然而由于四万亿基础设施投资刺激政策后果的显现和经济的疲软，收入差异系数出现"病态"回落，而消费差异系数在这一阶段基本维持在0.62~0.65区间中波动，变化不大。

收入、消费差异系数的变化分阶段呈倒"U"形态小幅调整，符合库兹涅茨提出的收入差距倒"U"假说，即发展中国家在经济发展的过程中，居民收入分配差距会呈现"先拉大后改善"的态势；并结合美国证券分析家拉尔夫·纳尔逊·艾略特的波浪理论，小一级别的波浪调整符合更大一级别的波浪，收入差异系数和消费差异系数整体上呈上升趋势，并处于倒"U"形态的上升阶段，虽然收入差异系数在2009年出现阶段性高点后有所回落，但是否到达倒"U"形态的关键拐点，还有待进一步考察。简而言之，城乡收入差距虽有所回调，但仍处于不断拉大的趋势。

#### 2. 城乡比较劳动生产率差距

城镇比较劳动生产率都大于1，变化趋势从1984年的3.48上升到1985年的高点3.58，后又在波动中快速回落到1995年的1.81，之后缓慢向下变动至2011年的1.34，呈现倒"U"形态；同时乡村比较劳动生产率则低于1，从1984年的0.49降至1986年的0.43后缓慢提高到2011年的0.70，呈现"U"形态，符合现代部门和传统部门的生产率特征；两部门间的生产率差距在波动中趋于缩小，说明城乡经济的二元性有所弱化。

#### 3. 城乡二元经济结构强度指标

二元结构系数、二元生产率对比系数、乡村错位幅度与乡村比较劳动生产率走势相差无几，1984—1994年窄幅波动中缓慢上升，1995年上升到较高水平后，在高一级的平台上缓慢攀升。二元生产率对比系数最终从1984年的

14.06%上升到 2011 年的 52.62%，说明以比较劳动生产率这一强度指标衡量的城镇和乡村两部门的差距在缩小，经济结构的二元性有所缓和；乡村错位幅度为负值，即用绝对数量度量的乡村部门劳动力比重高于乡村 GDP 比重，说明乡村劳动力就业转换滞后于产值转换，但乡村错位幅度的绝对值大小一直处于下降状态，即从 1984 年的 42.35%下降到 2011 年的 15.79%，说明乡村劳动力就业转换的滞后程度在减弱；乡村就业滞后程度在 1984—1995 年波动较大，下降幅度也较明显，从 1984 年的 104.33%波动下降至 1995 年的 58.29%，之后缓慢下降至 2011 年的 41.86%，综合乡村错位幅度和就业滞后程度两个指标，说明乡村就业状况有很大的调整和改善。

二元规模对比系数在波动中从 1984 年的 68.32%攀升到 1997 年的 79.02%，后缓慢下降至 2011 年的 60.59%，这是因为在改革开放初期，生产力普遍落后，在经济中占据主导地位的是以传统农业为代表的乡村经济，而城镇的现代工业发展水平低；1992 年邓小平的南方谈话后，随着改革开放的红利逐渐释放、政府有力引导产业结构的调整，城镇的现代产业逐渐发展起来，尤其是工业和第三产业服务业的高速发展及其创造的国民经济生产总值的显著提高，使得二元规模对比系数趋于下降。同时，从二元结构系数看，该指标在持续缓慢增加，结合山东省实际经济发展情况可知，现代城镇部门特别是第三产业服务业的快速发展，使得城镇部门的发展明显快于乡村部门。

综合上面的分析可以看出，城乡居民收入差距虽在 2009 年后出现一定回落，但整体趋势仍处于不断拉大，结合城乡比较劳动生产率差距的不断缩小及由此引起的二元对比系数的缓慢增加、乡村就业状况的改善，以及二元规模对比系数趋于下降、二元结构系数上升，说明经济的二元性经历了复杂的变化过程，简而言之，山东省城乡二元经济结构经历了"强化→缓解→弱强化→弱缓解"的过程，但从总体看来，二元经济结构仍处于"弱强化"或"去强化"阶段，城乡之间的发展差距有所缓和，特别是近些年来乡镇企业发展以后。

## （二）城乡二元结构与经济增长关系的实证研究

### 1. ADF 检验

将山东省历年实际 GDP、城乡收入差异系数、乡村就业滞后程度和二元结构系数分别标记为 $Y$、$X1$、$X2$、$X3$，并进行对数化处理，运用 Eviews6.0 对各变量进行平稳性检验，见表 2。由表 2 可知，$\ln Y$、$\ln X1$、$\ln X2$、$\ln X3$ 在 $\alpha=5\%$ 的显著性水平上接受原假设，为非平稳序列；但 $D(\ln Y, 1)$、$D(\ln X1, 1)$、$D(\ln X2, 1)$、$D(\ln X3, 1)$ 在 $\alpha=1\%$ 的显著性水平上都通过单位根检验，具有平稳性,且均为一阶单整序列,可以对其进行协整分析和建立向量自回归模型。

表2 ADF 检验结果

| 变量 | 检验类型（C，T，L） | ADF 检验 | 1%临界值 | 5%临界值 | P 值 | 结论 |
|---|---|---|---|---|---|---|
| $\ln Y$ | (c, t, 1) | -0.7683 | -3.7114 | -2.9810 | 0.8114 | 不平稳 |
| $\ln X1$ | (c, t, 1) | -1.7670 | -3.7114 | -2.9810 | 0.3876 | 不平稳 |
| $\ln X2$ | (c, t, 0) | -0.5117 | -3.6999 | -2.9762 | 0.8741 | 不平稳 |
| $\ln X3$ | (c, t, 0) | -0.5117 | -3.6999 | -2.9762 | 0.8728 | 不平稳 |
| $D(\ln Y, 1)$ | (c, t, 1) | -4.9289 | -3.7240 | -2.9862 | 0.0006 | 平稳 |
| $D(\ln X1, 1)$ | (c, t, 0) | -4.8587 | -3.7114 | -2.9810 | 0.0006 | 平稳 |
| $D(\ln X2, 1)$ | (c, t, 0) | -6.2579 | -3.7114 | -2.9810 | 0.0000 | 平稳 |
| $D(\ln X3, 1)$ | (c, t, 0) | -7.1341 | -3.7114 | -2.9810 | 0.0000 | 平稳 |

注：检验类型（C，T，L）中 C，T，L 分别表示模型中的常数项、时间趋势和滞后阶数。

## 2. 协整检验

由平稳性检验可知，$\ln Y$、$\ln X1$、$\ln X2$、$\ln X3$ 均为一阶单整序列，满足协整检验前提。依据 LR 和 FRF 信息准则确定 VAR 模型的最优滞后阶数为 1 阶，变量间协整关系检验见表3，检验结果表明变量间存在长期稳定的均衡关系。

表3 协整检验

| 协整方程中个数假定 | 特征值 | 迹统计量 | 5%临界值 | P 值 | 备注 |
|---|---|---|---|---|---|
| 0 个 | 0.774492 | 71.37944 | 47.85613 | 0.0001 | 拒绝原假设 |
| 最多一个 | 0.557625 | 34.14451 | 29.79707 | 0.0148 | 拒绝原假设 |
| 最多两个 | 0.389849 | 13.75455 | 15.49471 | 0.0899 | 接受原假设 |
| 最多三个 | 0.054587 | 1.40333 | 3.84147 | 0.2362 | 接受原假设 |

表4 Granger 因果检验

| 原假设 | F 统计量 | P 值 | 备注 |
|---|---|---|---|
| $\ln Y$ 不是 $\ln X1$ 的 Granger 原因 | 1.2898 | 0.26730 | 接受原假设 |
| $\ln X1$ 不是 $\ln Y$ 的 Granger 原因 | 15.4768 | 0.00062 | 拒绝原假设 |
| $\ln Y$ 不是 $\ln X2$ 的 Granger 原因 | 10.0487 | 0.00413 | 拒绝原假设 |
| $\ln X2$ 不是 $\ln Y$ 的 Granger 原因 | 8.1060 | 0.00890 | 拒绝原假设 |
| $\ln Y$ 不是 $\ln X3$ 的 Granger 原因 | 18.7107 | 0.00023 | 拒绝原假设 |
| $\ln X3$ 不是 $\ln Y$ 的 Granger 原因 | 9.8568 | 0.00444 | 拒绝原假设 |

Granger 因果检验结果表明，$X1$（城乡收入差异系数）是 $Y$（GDP）的 Granger 原因，但 $Y$（GDP）不是 $X1$（城乡收入差异系数）的 Granger 原因；$X2$（乡村就业滞后程度）和 $Y$（GDP）之间存在着一种双向的、互为因果的关系；$X3$（二元结构系数）和 $Y$（GDP）之间互为因果关系。

从经济角度理解，城乡收入差异系数应该会对 GDP 有一定的影响，可能因为影响程度有限及数据的误差，出现上述分析结果。

综合上述 ADF 检验、协整检验和 Granger 因果检验的结果可知，山东省经济增长（用 GDP 表示）与城乡二元经济结构（用二元结构系数衡量）、乡村就业状况（用乡村就业滞后程度）之间存在着长期稳定的互动—均衡关系：经济增长引起城乡二元经济结构呈现"先恶化后改善"的变动趋势，同时加速乡村剩余劳动力向城镇部门转移，改善乡村就业状况；反过来，二元经济结构的调整和就业状况的改善又有利于经济增长，而经济增长又会进一步促进二元经济结构的优化改善，最终实现城乡一体化改革。因此，可以认为，城乡二元经济结构是发展中国家实现经济发达目标的一个必然过程，并且它会伴随经济增长呈现"先恶化后改善"的变动情况。

## 四、结　语

综合山东省城乡二元经济结构的实证分析可知，其变化过程可以概括为"强化→缓解→弱强化→弱缓解"的过程。这种变化轨迹从时间上按照经济二元性的强化程度可以划分为以下四个阶段：第一阶段，改革开放初期至 1992 年邓小平南方谈话，二元经济结构处于强化阶段；第二阶段，1992 年邓小平南方谈话至 1997 年 90 年代中后期），二元经济结构处于缓解阶段；第三阶段，90 年代中后期至 2009 年，二元经济结构处于弱强化阶段；第四阶段，2009 年至今，弱缓解阶段。

近年来，随着乡镇企业的兴起和蓬勃发展以及城镇现代工业的快速发展，以比较劳动生产率衡量的两部门的差距在不断缩小，同时，乡村就业状况也得到了很大改善，反映在乡村就业滞后程度这一指标，其值从 1984 年的 104.33%波动下降至 2011 年的 41.86%，但仍存在农业剩余劳动力转移步伐相对迟缓，主要表现在：一方面，城镇户籍制度严重阻碍了乡村剩余劳动力的自由流动，与此同时，城镇现代工业的发展，又吸引了一批乡村劳动力，掀起了一波"候鸟式"迁徙的农民工浪潮，即农民工的户籍仍保留在原籍，但农民工在城镇部门提供劳动、创造城镇产值，这在衡量两部门产值和劳动力数量时，会造成一定的统计误差；而且，农民工浪潮的"迁徙"中多为农村年富力强的年轻劳动力，使得农村"剩余劳动力"多为妇孺，从而出现农村劳动力的"病态"转移，造成农村产值相对较低，有碍乡村经济的发展；另一方面，民以食为天，如果作为国民经济发展根基的农业发展受阻，则会导致整个国民经济系统的"半身不遂"，从而会牵制到其他产业，造成经济运行不健康、不稳定，经济潜力难以可持续的长期有效释放。所以从这一角度看，农业剩余劳动力能否"健康"、自由转移是能否实现城乡经济一体化改革的关键。

根据近些年经济发展的经验教训，一方面，我们可以从新型城镇化的角度改善城乡二元经济经济结构，新型城镇化并不仅是"土地的城镇化"，不只是简单的加大房地产开发力度，而应该做到"人的城镇化"，加强农民教育培训，提高农民素质，在此前提下，才能有效发展现代农业，加大投入现代农业设备设施，培养农业专业化人才，对于地理条件合适的农村地区，鼓励集约生产，追求规模效应；另一方面，发挥政府的引导和城市的"扩散效应"，以工促农、城乡互动、城乡互补的途径，有效引导资源的合理配置，推进城乡一体化改革发展的新路，加快农业现代化改造和社会主义新农村建设，最终实现城乡经济共同繁荣发展。

《山东工商学院》2014 年 6 月第 3 期

# 信息化促进农业产业化发展问题研究
## ——以山东省为例

成 功 谭玲玲

## 一、信息化应成为农业产业化的新型特征

### 1. 市场化农业迫切要求农业信息化

农业产业化的实质是市场化农业,当市场化农业的程度比较高时,必然会产生发展信息化的迫切要求。农业产业化以市场为导向,通过龙头企业和各种一体化组织,把小农户与大市场联结在一起,按市场机制配置生产要素、组织农业产业化经营的各环节。随着我国经济全球化趋势的日益显著,农业产业化的发展将面临更加开放的市场环境和更加激烈的市场竞争,只有充分利用信息化手段,获得准确、及时的信息支持,才能确保农业产业化经营在日益激烈的市场竞争中立于不败之地,从而寻求到更广阔的发展空间。

### 2. 信息服务是农业产业化的基本条件

农业产业化以从事农业生产经营的各个市场主体的共同利益为纽带,将农业产前、产中、产后连接为一个完整的产业系统,伴随着农业产业化程度的提高和农业生产过程的全面市化,作为农业产业化组织与市场连接的纽带,以网络为主体的信息服务发挥着越来越重要的作用。在产前阶段,国内外的农产品市场需求信息是农业产业化经营的战略性资源,是科学决策的基础。在产中和产后阶段,由于专业化程度的提高,社会分工越来越细,各种社会化服务的市场行情、农业生产技术、病虫害防治、储存、运输、销售等信息服务成为农业产业化经营得以顺利进行的基本条件。

### 3. 信息技术的发展为农业产业化注入了新的内涵

从区域经济发展范畴看,农业产业化是以市场为导向,立足于区域资源条件,培植主导产业、构建农村经济产业链条、优化配置资源的过程,因而,可以把农业产业化看作以主导产业为核心的一个农产品供应链,只有信息系统的高效运行,才能保证供应链的核心——主导产业对供应链系统功能的整

合，使物流、资金流、信息流在供应链系统中有效地流动，从而优化农业资源配置、降低农产品供应链的经营成本、提高整个产业链条的整体竞争力，创造新的竞争优势。

## 二、当前影响山东农业产业化的信息化问题

近年来，山东省全面贯彻落实国家加快农业信息化建设的战略部署，推动"金农工程"的实施，农业信息化建设工作取得了明显成效。基础设施有了较快发展，农民家庭电话、彩电、计算机普及率，广播、电视、互联网农村人口覆盖率居全国前列；信息资源开发利用初具规模，建立了农产品市场价格、供求信息、科技信息、农村政策、农业气象等主要农业数据库；信息网络建设实现新的突破，基本形成了以省级平台为龙头，市、县网络为骨干，贯通乡镇、重点农业产业化龙头企业和部分村、户的信息网络体系；信息服务体系逐步健全与完善，初步形成了市、县、乡、村四级农村信息员队伍；信息技术在农业各领域得到一定应用，对提升农业和农村经济管理水平，促进农产品流通，增加农民收入起到了重要作用。山东省农业信息化建设虽然具备了一定的发展基础，但仍存在一系列问题，主要表现在：

### 1. 缺乏统一的规划标准和政策法规体系

首先，农业信息化是一个涉及多部门、多学科的综合性系统工程，而山东省目前的农业信息化建设缺乏统一的规划和标准。农业信息管理与服务涉及政府机构、农业科研院所、农业院校等多个部门，各部门、各系统各自为政，信息封闭，标准不统一，从而使各系统的信息资源利用率低下，大量的科技新成果、农业新政策的信息无法为社会公众和农民朋友及时享用。其次，在政策上没有充分考虑到农业信息化发展所必需的农业科研体制、投资结构、经费投入和实用技术研究等方面的问题，也缺乏健全的农业信息化法规体系，农业信息化主体的权益、信息质量的真实有效性、农业信息知识产权等得不到切实保障。

### 2. 农业信息服务体系不完善

缺乏统一的农业信息服务体系，在基层缺少收集信息、处理信息、传播信息的硬件设备，信息网络不健全。更为重要的是，在网络系统建设中，虽然数据库建设数量不少，但质量不高、实用性差，缺乏大型实用数据库，在

内容上为领导服务的信息较多,而真正指导农民生产、协助农民经营决策的信息较少,并且由于缺少信息服务中介组织,基层缺少能够主动、科学地进行信息管理的专业人员,致使信息来源可靠性差,不少假信息和过期信息还给农业生产带来了损失,以基层农村信息资源有效整合为核心的"最初一公里"问题已成为山东农业信息化发展的最大瓶颈。

3. 农业信息人才匮乏

信息网络的建设需要一大批不仅精通网络技术,而且熟悉农业经济运行规律的专业人才。由于长期以来对农业信息人才的培养重视不够,投入少,培训机制不完善,农业信息人才缺乏,尤其是基层农业信息管理服务人员数量少,知识结构不合理,不能有效发挥信息服务的作用。同时,由于农民文化素质偏低,不少农民信息意识淡薄,信息资源利用的积极性和风险性不足,缺乏有效利用信息技术的知识和能力,使农业信息传播效率不高,农业生产的盲目性较大。

### 三、以信息化促进山东农业产业化的对策建议

1. 加强宏观领导和统筹规划,培育农业科技市场

全面发挥"农业信息化工作领导小组"的作用,制定科学的规划。在研究制定规划时,一定要考虑有利于用最少的投资发挥最大的效益;有利于资源共享、避免重复建设;有利于各个层次和各个方面的分工协作;有利于广大商家、业主和农民的开发利用。实现信息产品市场化。农业科技信息部门应尽快改变当前较为单一的经营模式,主动开展诸如承接单项委托服务,为固定用户包括农村专业户提供常年专题服务,作为信息中介商以及信息产品产、供、销一体化经营的综合服务等多种业务形式,促进信息市场健康发展。

2. 发挥龙头企业在农业信息化中的推动力量

目前山东省很多区域正处于农业产业化的起步或成长阶段,龙头企业是农业产业化的主要的推动力量和组织力量,龙头企业通过信息网络和各种信息渠道上联国内外大市场,下联千万家小农户,具有开拓市场、引导生产、深化加工、配套服务的功能,因而龙头企业是实施农业产业化经营的关键所在。在龙头企业加农户这种农业产业化经营模式中,大型龙头企业具有雄厚的实力,较易于实现信息资源与生产资源的密切结合,在信息化建设方面,

它肩负着引领分散的小农户和提高企业自身信息化水平的双重任务。

### 3. 加快扫除"最初一公里"障碍

强化农业信息资源的建设,构建山东省农村信息资源整合共享系统,建立并完善包括农业自然资源信息、农业生产管理信息、农产品市场信息、农业科技信息、农业实用技术及科研成果等数据信息在内的各种类型数据库,并注意根据农业产业化的需要更新其内容。一要围绕农业、农村和农民信息需求多样化的实际,切实加强信息采集整理工作;二要切实加强信息分析、加工工作,提供大量经过筛选的、符合农民需求的有效的信息资源;三要盘活现有信息资源,发挥各级各类部门拥有的信息优势,促进信息资源的集成和整合,为农业信息资源的开发利用和农业产业化创造有利的环境和条件。

### 4. 促进农产品电子商务交易模式的快速发展

发展以信息和知识为核心的电子商务是农业企业、农业产业化中介组织和农户的重要竞争战略,信息的自由流动和共享性为农业产业化经营带来了无限的商机。借助电子商务,不仅可以了解市场信息和客户需求信息、组织生产资料的采购、在国内外销售农产品,而且可以通过信息与知识在组织内部的传递,有效地连接农业产业化的各市场主体,降低农业产业化的组织成本。随着电子商务的发展,必然会引发农产品市场交易方式的变革,因而开展农业企业、龙头企业和各种农业产业化组织的上网工程以及电子商务势在必行。

《科技视界》2013 年第 6 期

# 村镇银行的市场错位及应对策略分析
## ——来自山东省的调查

于风芹

  村镇银行是我国农村地区出现较晚、但是发展最快的一类新型金融机构。自 2007 年 2 月 8 日,四川仪陇惠民村镇银行开业以来,村镇银行在我国风生水起,星星之火,已成燎原之势。根据银监会的公开信息,截至 2013 年 2 月 7 日,我国村镇银行的数量已经达到 1502 家(含分支机构),成为农村金融体系的重要力量。我国设立村镇银行的初衷是支持"三农"和小微企业,填补广大农村地区由于大型金融机构撤离而导致的金融供给不足问题。那么实践中,村镇银行是否准确把握自己的市场定位,遵循服务于"三农"的原则呢?笔者以山东省村镇银行的现实情况为基础,从村镇银行的选址、注册资金、发起人三个方面分析村镇银行的实际市场定位,以期寻找问题的答案。

## 一、文献综述

  国外没有"村镇银行"的叫法,从内涵上看,我国的村镇银行与美国的"社区银行"近似。国外对社区银行的相关研究主要集中在与大银行的比较、对经济发展的影响作用、社区银行的资产收益率以及面临的经营风险等方面。Berger & Udell(1995、2002)从银行内部组织结构角度分析了小型金融机构提供关系型贷款的优越性,他们认为,相对于偏好"硬数据"的大型银行而言,社区银行更善于处理"软数据",这一特点使得社区银行更适合向拥有"软数据"的中小企业提供贷款,即社区银行拥有中小企业融资的"小银行优势"。Ber-ger、Klapper 和 Hasan(2004)利用 49 个国家 1994 至 2000 年的数据进行实证,发现社区银行不仅可以促进 GDP 增长和中小企业融资,而且能够提升整个银行业的经营效率,并带动信贷规模扩张。Ergungor(2002)通过对 1996 至 2000 年社区银行收益率的实证研究发现,对所有社区银行而言,中小企业贷款增加了其总资产收益率水平,但风险调整后的资产收益率却有所下降。Keeton、Harvey 和 Willis(2003)认为,与大型银行相比,社区银行在过去 10 年中能够独立运作、盈利良好,并且吸引大量的新进入者。

国内对村镇银行的研究成果自 2007 年才开始出现，内容主要集中在村镇银行的可持续发展和风险管理问题上，最近两年出现了研究村镇银行的业务模式和贷款定价模型方面的成果。张鸣鸣（2007）认为村镇银行应该主动进入农业生产链中的每个环节，提供产业链式服务，同时加强与保险机构、地方政府等部门的合作。秦汉锋（2008）提出村镇银行的现有制度安排虽然有所创新，但是目前的环境约束使得这种制度安排的作用与绩效无法实现最大化，必须与其他制度相配合，才能实现村镇银行的可持续发展。李树生、何广文（2008）认为，要实现从增量角度优化我国农村金融机构目前的结构和布局，仍需要多层次、多角度的金融创新。刘钟钦、高凌云（2008）分析了我国村镇银行信用风险的来源，其中农业生产本身易受自然条件的影响、农户的信用意识不强以及村镇银行普遍经营管理水平较低是主要原因。李建华、许传华（2008）从村镇银行的会计科目设置和统计归属等角度，分析了村镇银行的会计、统计以及清算标准等问题，并提出了相应的对策建议。蒋玉敏（2011）认为应构建村镇银行的风险管理体系，以促进其长期稳定发展。李元成，任俊宇等（2012）认为村镇银行的最适宜贷款定价模型是 DEA 和 RAROC 模型。张奎（2013）对村镇银行如何发展银行卡业务给出了相应的建议。

笔者以山东省村镇银行的实际情况为基础，通过选址、注册资金和发起人的实际数据分析村镇银行的市场定位问题，并提出相应的对策建议。

## 二、村镇银行的选址

山东省村镇银行始于 2008 年 11 月 6 日开业的"青岛即墨北农商村镇银行"，截止 2012 年 10 月 18 日"邹平青隆村镇银行"成立，山东省已经拥有 54 家村镇银行，遍布全省 17 个地区级市。根据银监会制定的放宽我国农村地区银行准入政策的《意见》的相关规定，村镇银行的设立范围是"县（市）以及县（市）以下地区"，尤其是"国定贫困县和省定贫困县"。其定位非常明确，就是要扎根农村，增加农村地区的金融供给，支持农村地区的经济发展，那现实又是怎样呢？

2008 年，山东省共设立三家村镇银行，分别是即墨北农商、寿光张农商和胶南海汇，而即墨、寿光、胶南均是全国百强县，其经济发展水平居全省前列。2009 年山东省没有设立村镇银行，2010 年共设立 8 家村镇银行，其中五家选址在邹平、莱西、乳山、龙口、平度，均是全国百强县，占比

62.5%，其他三家村镇银行的选址也不是贫困县。2011年和2012年，情况略有好转，鄄诚、曹县、单县、莒南、梁山共五个贫困县相继设立村镇银行，而在百强县设立的村镇银行2011年有6家，2012年只有3家，对比情况见表1。

表1 山东省村镇银行选址分布表

| 年度 | 设立村镇银行总数 | 设在百强县的个数 | % | 设在贫困县的个数 | % |
|---|---|---|---|---|---|
| 2008 | 3 | 3 | 100.0 | 0 | 0.0 |
| 2010 | 8 | 5 | 62.5 | 0 | 0.0 |
| 2011 | 20 | 6 | 30.0 | 2 | 10.0 |
| 2012 | 23 | 3 | 13.4 | 3 | 13.4 |
| 总计 | 54 | 17 | 31.5 | 5 | 9.3 |

数据来源：根据公开资料整理。

从地区分布来看，现有54家村镇银行，虽然覆盖全省17地市，但是分布很不均匀。其中最多的是青岛市，共7家。以2010年的GDP水平为例，GDP总量排名前五位的青岛、烟台、济南、潍坊、淄博共有村镇银行21家；而排名最后五位的莱芜、日照、菏泽、枣庄、滨州共有村镇银行10家，前者是后者的两倍之多。为了进一步描述村镇银行设立个数与经济发展水平之间的关系，将17地市中2010年GDP水平排名第一的赋值17，排名第二的赋值16，以此类推，村镇银行设立与经济发展水平之间的数值比较散点图见图1。

图中上部折线是2010年山东省17地市GDP由高到低排名，下部折线是村镇银行数量。由图中折线可以看出，山东省村镇银行的选址还是优先考虑经济发达地区。从理论上讲，经济与金融的关系是相互促进的：经济发展水平高的地区收入水平高，银行存款数量随之增长；同时消费、投资需求旺盛又带来贷款需求增加，再加上各种个性化的金融需求，金融机构只要顺势而为，较容易开展业务，维持可持续发展，从这一角度讲，金融发展是经济发展的一种结果。但是，从另一方面讲，金融对经济又具有很强的推动作用，一个经济落后的地区，如果金融先行，持续为农民提供其生产、生活所需要的资金支持，完全可以改变当地贫穷落后的经济状况，这一点，已经被全球多国微型金融机构的发展所证实，很多发展中国家都利用农村微型金融使当地农民脱贫，比较著名的有孟加拉的乡村银行，玻利维亚的阳光银行，印度尼西亚的人民银行以及乌干达的村银行系统。

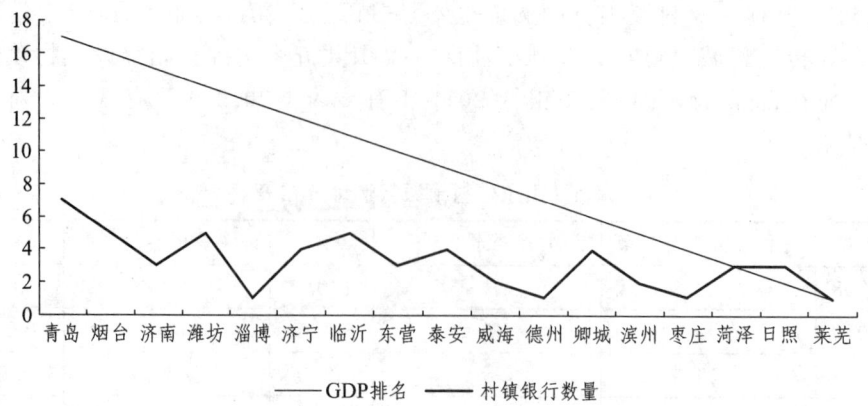

**图 1　山东省 17 地市 GDP 排名与村镇银行数量对比折线图**
（数据来源：根据公开资料整理）

我国第一批村镇银行试点设在甘肃、四川、内蒙古、青海、吉林、湖北 6 省的农村地区开展，表明村镇银行的政策导向是利用金融推动当地的经济发展，也即上面分析的第二方面。然而从山东省的情况来看，村镇银行的设立还是优先考虑了经济发达地区的需求，这可能是出于风险管理、经营稳健性的考虑，也可能是发起人和出资人的偏好，在村镇银行设立过程中，当地政府的作用不可忽视。无论如何，在村镇银行审批监管的环节，应该更倾向于经济欠发达地区，这一点，山东省有关部门似乎已经注意到，2011 年，2012 年村镇银行开始在贫困县设立，从中可见一斑。

## 三、村镇银行的注册资本

根据我国商业银行法的相关规定，设立全国性商业银行、城市商业银行、农村商业银行的注册资本最低限额分别为 10 亿、1 亿和 5 000 万元人民币。而《村镇银行管理暂行规定》第八条中，对于在县（市）和乡镇设立的村镇银行，其最低注册资本金额度分别是 300 万和 100 万元人民币。可见，在我国设立村镇银行的资金门槛并不高，这一方面表明政府鼓励设立村镇银行的积极态度，另一方面，相对城市而言，农村地区的单笔存款、贷款数量少，金融需求水平较低，因而对金融机构的资金要求相对较少。

然而事实上，山东省村镇银行的注册资本金都比较高，54 家村镇银行的注册资本总额达到 39.35 亿人民币，其中最少的是临沂河东齐商村镇银行，注册资本 2 000 万人民币；而东营莱商、龙口国开南山、青岛胶州农商三家村镇银行都拥有2亿人民币的注册资金。在54家村镇银行中，有23家村镇银行的注册资本是5 000万，占总数的42.6%，13家镇银行的注册资本是1亿，占总数的24.1%。近九成的村镇银行拥有5 000万或者5 000万以上的注册资本，达到了农村商业银行的要求；三分之一的村镇银行拥有1亿或者1亿以上的注册资本，达到了城市商业银行的要求，具体情况见表2。

表2　山东省村镇银行注册资本分布以及百分比

| 注册资本（$C$）分组 | 村镇银行个数 | 百分比（%） |
| --- | --- | --- |
| 2 000万≤$C$<3 000万 | 1 | 1.85 |
| 3 000万≤$C$<5 000万 | 7 | 12.96 |
| 5 000万≤$C$<6 000万 | 23 | 42.59 |
| 6 000万≤$C$<1亿 | 5 | 9.26 |
| 1亿≤$C$<1.5亿 | 13 | 24.07 |
| 1.5亿≤$C$<2.5亿 | 5 | 9.27 |
| 合　计 | 54 | 100.00 |

数据来源：根据公开资料整理。

虽然政府对村镇银行注册资本的要求并不高，但是山东省各家村镇银行都拥有雄厚的资本金，笔者认为，其中的原因可能有两点：

第一，由于村镇银行属于新型金融机构，网点少，规模小，知名度低，因而吸收存款比较困难。与此同时，由于其手续简便、效率高、又是针对农户和微小企业——在其他大中型金融机构受到歧视的客户群体，因而贷款需求非常旺盛，这样一来，村镇银行的流动性，很大程度上依靠自有资本了。由于其资本金实力雄厚，即使短期内贷多存少，村镇银行仍可以维持正常经营。从这一角度上说，较高的注册资本金是村镇银行设立初期稳健经营的需要。

第二，我国《村镇银行管理暂行规定》中第二十五条明确指出"村镇银行对同一借款人的贷款余额不得超过其资本净额的5%，对同一集团企业客户的贷款余额不得超过其资本净额的10%"。那就意味着，对刚开业不久的村镇银行来说，由于其利润积累少，可以向单一客户提供的授信额度基本取决于其自身的注册资本额。从这一角度上说，村镇银行较高的注册资本反映了其追逐大客户的倾向。众所周知，在交易成本一定的情况下，授信额度越大，银行的利息收入越多。在山东省，县域经济比较发达，各县（市）都有自己的主打产业，比如寿光的蔬菜、栖霞的苹果、即墨的酒业和服装等等，当地不乏规模不小的企业，他们的资金需求也很大。现实中，部分村镇银行确实有追逐大客户的倾向，"赚一笔是一笔"。村镇银行如果同样追逐大客户，实际上陷入了与当地原有金融机构的重复竞争中，造成资源浪费，违背了我国政府设立村镇银行的初衷。

## 四、村镇银行的发起人

根据暂行规定，村镇银行的最大股东必须是银行业金融机构，并且其持股比例不能低于村镇银行总股本的 20%，这就是通常所说的发起行。笔者对山东省 54 家村镇银行的发起行进行了整理归类，具体情况见表3。

表3 山东省村镇银行发起行情况汇总

| 发起行 | 村镇银行数量 | 百分比（%） |
| --- | --- | --- |
| 农村合作银行 | 1 | 1.85 |
| 农村商业银行 | 30 | 55.56 |
| 城市商业银行 | 9 | 16.67 |
| 股份制商业银行 | 2 | 3.70 |
| 国有商业银行 | 10 | 18.52 |
| 政策性银行 | 1 | 1.85 |
| 外资银行 | 1 | 1.85 |
| 合 计 | 54 | 100.00 |

数据来源：根据公开资料整理。

从表3可以看出，在山东省村镇银行的设立中，农村商业银行表现出了极大的热情。在全部54家村镇银行中，有30家由农村商业银行发起，占56%。其中排名前三位的是：上海农商行发起10家，广州农商行发起5家，江苏农商行发起4家；另外来自北京、鄂尔多斯、成都、长春、张家港五家农商行共发起6家村镇银行；山东省的淄博、东营、邹平、寿光、青州5家农商行各发起一家村镇银行，其中只有两家是在本地区内设立，分别是张店农商行发起的沂源博商村镇银行和广饶农商行发起的垦利乐安农商行。

农商行积极发起设立村镇银行，原因有两方面。首先，在农村市场上，农商行拥有不可比拟的竞争优势，他们的前身是农村信用社，本世纪初，在国有商业银行陆续退出农村市场后，农村信用社实际上成了农村金融市场上的"主力军"。2003年6月，国务院下发《深化农村信用社改革试点实施方案》，开始在8省（市）进行农信社改革试点，2004年8月，改革在全国推广，自此，农村信用社逐渐改造成为农村商业银行或农村合作银行。2005年以来，我国农村金融市场的改革进入快车道，"建立多层次、适度竞争的农村金融市场体系"成为改革的总体目标。在此背景下，小额贷款公司、村镇银行、农村互助基金等新型农村金融组织相继诞生，再加上邮政储蓄改造为银行，农商行（或农合行）面临着前所未有的挑战。迫于竞争压力，以各种方式维护自己在农村金融市场的主力地位，成为农商行（或农合行）考虑的重点。发起组建村镇银行，正是实现这一目的的有效途径。

然而，从资料上看，30家农商行有28家选择在本地区之外发起设立村镇银行，这就表现出他们实现跨区经营的目的。农商行自改制以来，表现出强烈的跨区经营冲动。根据《第一财经日报》2012年3月12日的报道，当时全国已有15家农商行成立超过30家的异地分支机构，有的农商行刚挂牌一年就迫不及待地开始了异地扩张的步伐。相比成立分支机构，组建村镇银行似乎是实现跨区经营的更方便的途径，不仅能享受国家相应的很多优惠政策，还能获得银监局、当地政府的大力支持。

由此看来，农商行实际上是借村镇银行的"东风"，以达到跨区经营、抢占市场的目的，利用国家的优惠政策，努力摆脱"地方性银行"实现"区域性"乃至"全国性"的规模经营。从这一角度上看，城市商业银行发起组建村镇银行的目的也不过如此。由表3看出，山东省9家村镇银行由城市商业银行发起，且全部是跨地区甚至跨省。

根据赵冬青、王树贤2010年对全国村镇银行发起人的整理，只有4.47%的村镇银行是由国有商业银行发起，甚至低于外资银行发起的比例6.25%。山东省2008年、2010年成立的11家村镇银行中，也没有国有商业银行的参与，这说明在村镇银行组建初期，国有商业银行普遍兴趣不大。原因很可能是大银行在全国已经广布网点，跨地区机构扩张的冲动已经很弱。这一现象，与银监会的原有期望刚好相反。2011年，中国银监会发布《关于调整村镇银行组建核准有关事项的通知》，鼓励优质发起人"规模化、批量化发起设立村镇银行"。两年间，有10家国有商业银行在山东发起成立村镇银行，占总数的18.5%。中国银行出资90%，新加坡淡马锡旗下富登金融控股公司出资10%，

在山东组建 6 家村镇银行，这不得不说，是政策推动的结果。另外，建设银行组建 3 家，交通银行组建 1 家（见图 2）

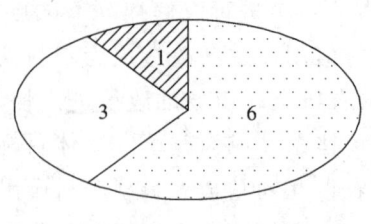

图 2　国有商业银行发起村镇银行情况图（数据来源：根据公开资料整理

　　国有商业银行资金雄厚，规模庞大，更可贵的是，他们拥有成熟的管理经验和风险控制体系。然而，农村金融市场的异质性决定了大银行的经营管理和风险控制方法未必会奏效。本世纪初，大量国有商业银行撤离农村市场已经说明了这一点。所以，农村金融市场需要因地制宜的管理，需要相对独特的风险控制体系，需要在业务种类和程序上有更多创新。在国际上，印度尼西亚人民银行的乡村银行系统（BRI–UD）已成为成功的模式，这为国有商业银行组建村镇银行提供了很多借鉴。无论是否自愿，国有商业银行重新渗入农村金融市场已成为不争的事实，他们能否灵活调整自己的经营方式和风险管理制度以适应独特的农村市场，是其组建的村镇银行能否可持续发展的核心。

## 五、总结与建议

　　服务农户、个体工商户和小微企业，弥补农村地区金融服务不足的缺陷，是村镇银行诞生的使命。但是现实中，山东省村镇银行在一定程度上，存在市场定位不准的现象：银行的设立偏向于经济发达的地区而非贫困地区；没有专心服务农户和农村小微企业，相反有追逐大客户的倾向；多数发起人通过成立村镇银行实现跨区经营的目的。

　　村镇银行的目标客户比较特殊，要实现"支农支小"的政策目标，必须做好以下几方面的事情：

　　第一，纠正追随大客户的冲动，开发自己的目标客户。村镇银行的优势在于灵活、快捷，具有地缘优势，要扬长避短，在大银行顾不到、看不上的地方发展自己的稳定客户群。如果看不到这一点，硬要与当地的大中型金融机构抢客户，开展同类的业务和服务，村镇银行肯定面临知名度低、网点少等约束，落入竞争劣势是必然的结果。

第二，改变传统银行的业务模式，积极走进田间、地头，为农民提供金融服务，根据农民和工商业户的实际需求设计金融产品。村镇银行是我国农村金融体系的重要补充，不是替代，这就意味着，村镇银行的业务范围一定是原来的金融机构涉及不到或者无暇顾及的领域，进行差异化经营，突出自己小而活，上门服务，因地制宜，灵活变通的业务模式，在激烈竞争的金融市场经营出自己的特色。

第三，村镇银行需要建立独特的风险控制体系。在缺乏抵押物和质押物的前提下，灵活开展农户联保、村干部担保、现金流覆盖等手段控制风险。山东是圣人诞生的地方，受传统思想影响深厚，特别是在人口相对固定的农村，人们普遍珍视自己的信用。在调研中笔者发现，除非发生特殊事件，比如自然灾害导致农产品或经济作物歉收、疾病致贫等，否则，农民都非常讲信用，普遍能做到按时还款。对于发生特殊事件影响还款能力的农户，只要当地村镇银行能够继续给以融资支持，以解决目前的困难，农户都是可以偿付本金利息的。

另外，在人才聘任上村镇银行也应考虑自己的特点。在工作地点、知名度、待遇等方面，村镇银行明显不能和大中型银行相媲美，因此，村镇银行应发挥自己的地缘优势，和中等的毕业生的薪酬期望则相对比较保守。另一方面，外资或合资企业、国有企业、事业单位、国家机关最受应届毕业生的青睐，而且已签约学生的就业单位性质与期望相符的达到了70.40%。最后，对于期望的工作地点，山东地区和北京（上海）排在第一、二的位置，而且签约学生工作地点与期望地点相符的达到了79.59%。与前些年首选北京、上海、广州来看，就业期望地点趋于理性。

本研究的主要不足在于样本的选取上存在一定的局限性。由于所选择高校不是综合型大学，所以专业设置方面偏经济管理类学科，而不同专业应届毕业生由于劳动力市场需求不一样，可能导致较大的就业期望差异。今后研究可以考虑从样本的代表性方面加以完善，最好毕业生所学专业能够涵盖文、理、工等各学科，毕业生来源地域可以涵盖东、中、西部，以便对不同专业、地域的应届毕业生就业期望进行比较研究。

《山东工商学院学报》2014年10月第5期

# 行业和年龄农民工技能培训的分段式探讨
## ——以烟台市相关企业为例

李 爱 田丽杰

## 一、引 言

中国的劳动力市场非常庞大，在这大军当中，有两大群体最为引人瞩目，一是毕业的大学生；二是农民工。本文研究的对象是农民工，即进城务工的农民。每年靠近农历年根，他们才返乡回家，与一年甚至多年不见的亲人团聚几天，新年伊始，他们又开始了新的打工生活。很多的农民工习惯在这个时间换工作，而重新找工作又是一个寻求高工资、好工作条件的机会。此时较发达地区的企业用工缺口依旧在加大，一方面随着发达地区城市经济的发展，需要的农民工越来越多，今年尤以技术工人、熟练工最为紧缺；另一方面，农民工流动性大，过完年换一份工作也成了多数人的习惯，而且随着劳务输出地区经济的发展，留在本地务工的人数也在逐年增加。据央视新闻报道，2012年初仅东莞地区用工缺口就超过20万人。

## 二、农民工技能培训的迫切性

进入2000年以来，国家连续下发了诸多文件，从中央到地方到各相关部门，提了很多的措施和办法联合加大对农民工技能的培训和对农民工权益的保障。2003年，国家农业部、劳动和社会保障部、教育部、科技部、建设部、财政部6部委联合下发《2003—2010年全国农民工培训规划》，就农民工培训的指导思想和基本原则、培训的目标和任务、推进农民工培训的政策措施做具体规定。2004年，继续下发《关于组织实施农村劳动力转移培训阳光工程的通知》，规定，农民参加短期的职业技能培训，政府给予一定金额的培训补贴。从2005—2009年多个文件的下发，更是对农民工技能培训的补贴方式、培训方式等做出了更详细、更全面的指导。2005年，劳动和社会保障部出台《关于进一步做好职业培训工作的意见》，指出实施"农村劳动力技能就业计划"，5年内对4000万进城务工的农村劳动者开展职业培训，使其提高职业技能后实现转移就业。2006年,《国务院关于解决农民工问题的若干意见》出台,对开展农民工职业技能培训和引导性培训、完善农民工补贴办法、农民工参加职业技能鉴定等作出相关规定。2007年,中共中央办公厅、国务院办公厅下发的《关于加强农村实用人才队伍建设和农村人力资源开发的意见》指出,继续健全订单培训、定向培训等有效形式,提高农民转移培训的针对性和实效性。输入地要把农民工纳入城市公共服务体系,加强岗位技能培训。2008年,《国务院关于做好促进就业工作的通知》指出,对符合条件的进城务工农村劳动者参加职业培训的,按规定给予职业培训补贴。2009年,人力资源和社会保障部、国家发展改革委、财政部联合下发《关于实施特别职业培训计划的通知》,要求对失去工作返乡的农民工开展实用技能培训。尽管目前国家出台的措施不少,可农民工技能培训在实践操作过程中,仍然遇到了很多难题,也出现了许多让人无奈和尴尬的情况,各方面的因素导致了农民工技能培训这个主题"出发点是好的,但结果却不尽如人意"。

本文以烟台市农民工最为密集的两大行业—毛衫针织业和石材加工业为考察对象,来探讨当地农民工培训难题的可行解。在立足烟台市相关企业实际情况的基础上,以这两个行业来研究新生代农民工(针织厂和石材厂农民工均以年轻人居多)为了提高技能,增加收入,而进行有效的技能培训,出路在哪里。2010年1月31日,国务院发布的2010年中央一号文件《关于加大统筹城乡发展力度进一步夯实农业农村发展基础的若干意见》中,使用了"新生代农民工"这个提法,并要求采取有针对性的措施,着力解决新生代农民工问题,让新生代农民工市民化。由此开始,新生代农民工的问题开始进入大众视线。

## 三、烟台农民工现状

### 1. 年龄层次分化

农民工年龄分化明显,30岁左右的和20岁左右的分属在不同的行业。哪怕他们不断地变换工作也是在同一个行业内部不同的企业(工厂)之间变换。

### 2. 行业分布集中

30岁左右的农民工大多在建筑工地或石材加工厂,而20岁左右的农民工,尤其是女性,基本集中在毛衫厂、服装加工厂。

### 3. 同乡关系网，地域性特征明显

农民工以自谋职业为主，外出多靠"血缘、地缘和厂（企业）缘"关系，通过亲戚、朋友、同乡介绍来此务工。当一个来到这里安顿之后，他（她）会通过亲身的感受把这里的情况介绍给更多"同乡人"，然后这些人就会跟着走出来打工；相反，如果他们觉得这里不好，就会陆续离开，并传播给"同乡"，这样就没有人愿意来。所以口碑的作用在这些人当中是很重要的。

### 4. 文化结构参差不齐，文化水平相对较低

从统计数据来看，平均每百个劳动力中，小学文化的占到 30%，初中文化程度的占到 50%，高中文化程度的占 2%，而大专及以上几乎没有。

### 5. 思想观念单一、短期化对新生代农民工来说，绝大多数都是

一方面打工赚钱，自己生活消费，或少部分寄给家人，另一方面主要是出来见见世面，闯荡一番。他们在外务工，相对于年龄较大（已婚的）、家里有老有小的农民工来说，养家观念较弱，攒钱的动力也较小。对于今后长远的发展规划，是学有所成、有一技之长，是留在城市还是回到家乡，则考虑较少，没有自己的计划。尽管有一部分农民工主观上也想留在城市，过上好生活，但却没有规划，更没有实际行动力。比如，在对毛衫厂工人的了解中，20岁左右的年轻人，大多是女性，基本上不考虑长远劳动技能的培训和学习，在外面干了几年，见见世面，挣点钱，就回家结婚生子，即便不回家乡留在外面，结婚之后，也是在家带孩儿，操持家务，继续做工的很少。

## 四、农民工技能培训的困境

如今，各地都在为农民工技能培训想尽办法，并按照国家相关部门的要求实施，尤其是四川、河南这样的劳动力输出大省。可总体来看，农民工培训的效果不好，还生出了诸多方面的矛盾。据笔者了解，农民工认为，很多培训流于形式，上课方式就是"我说你记"，课堂内容，过于理论化，不实用，农民工理解不了，不会操作，对找工作、涨工资也没有帮助；培训机构认为，政府相关部门拨付的经费不够，支持不足，培训条件得不到改善，而农民工到课不积极，听课不认真，课堂纪律涣散；企业也出于时间、成本等各种考虑不愿意参与到农民工培训这个过程中来。种种困难使得农民工培训停也不

行，进也艰难。下面将从上面提到的三个主体的角度出发，来探讨其中的问题所在。

1. 农民工

农民工劳动强度大，以机械化的体力劳动为主，工资基本上与劳动时间成正比，尤其是在不确定学完后有没有没有用的情况下，农民工不愿意占用"赚钱的时间"，而且在一天做工之后，也想休息或放松娱乐一下，也没有时间和精力去参与培训。

多数农民工外出打工并没有明确的目标，不知该不该学、学什么、学了有什么用。对找工作、涨工资有没有帮助，回到家乡后能不能用得上。外出打工之前，在家乡接受教育不多，也使得多数年轻人根本就没有想到这些问题，而出来打工之后，所处的环境也容易使他们"人云亦云"，即大家都这样，我也就这样过。年轻人上网、逛街、交朋友，几乎占据了他们全部的自由时间。另外，参加培训的农民工虽然有的不支付培训费用，甚至国家还给补贴，但仍需支付交通费、伙食费、甚至住宿费等，若补贴不够付出的，农民工也不愿意花这份钱。对大多数农民工来说，外出赚钱是第一位的，这部分钱能少花就少花，所以就选择不参与培训。如果用$\prod$来表示净收入，那么我们就有这样的一个式子：$\prod$=增加的收入+补贴（如果有的话）－培训费用－交通费－伙食费－住宿费。那么，至少要保证$\prod>0$，农民工才有可能参加培训。但是这其中"增加的收入"是未来收入，是不确定的，所以农民工宁愿选择继续工作而不愿去学习。即使参与培训，再加上有的培训收费，农民工大多也只重视从业基本能力的培训，简单易学，上手就行。农民工在对培训内容的选择上也比较现实，看中短期收益，往往参加在短期内可以带来收益的项目。而且自费培训对农民工来说是不太可能参加的，除非个别确实需要，但也会仔细权衡。由于城市企业在用工制度上对农民工的歧视，以及农民工自身条件的不足，他们中的不少人没有固定或长远工作，甚至连劳动合同都没见过，更别说是签了。这种短暂的工作状态，使他们只能选择得过且过，从而很难激活其潜在的培训需求和培训热情。

2. 企　业

农民工的流动性大，企业在培训农民工的同时，有技术的农民工也在不断地流失，使企业遭受了损失。许多企业负责人都对农民工的频繁流动感到头疼。企业花费了时间和金钱对农民工培训，他们一旦掌握了一些技术，成为熟练工后就可能流失，而且有些农民工本身就是抱着到城市学技术然后再自己干的想法来的。对企业而言，即使与农民工签订了用工合同，一旦他们离开，想再找到人就不容易，违约责任、赔偿都无法兑现，而且企业考虑到效益和各种成本问题，也不会为了个别违约工人而"满世界"找人。这样企业对他们就没有约束力，在实际操作中，法律也无可奈何。

培训给企业带来了麻烦，威胁到了企业利益。对很多毛衫企业来说，规模不大，制度和管理也没有规范化，企业追求效益最大化，注重眼前利益。比如对农民工进行了《劳动法》等相关法律法规的培训后，企业一旦有触动到他们的利益时，农民工就会到政府部门讨说法，或是与企业进行"斗争"。企业认为，通过《劳动法》的学习，农民工了解了有关权益保护的知识，并知道如何向有关部门反映他们的权益受损情况，尤其年轻人，不像一些长辈的农民工顾虑很多，从而给企业带来了麻烦，影响了企业正常经营和利润水平。

培训上的投入使得企业利润流失。企业单纯地认为，在利润一定的情况下，对工人投入越大，损失就越多。受利益最大化的驱使，企业在农民工培训问题上不愿有较多投资，也不想配合相关部门的工作，是能躲就躲，能避就避。导致一些农民工虽打工数年，但在职业技能方面并无长进，遇到金融危机，经济萧条，企业面临结构调整或技术改造时，第一波被淘汰出局的就是他们。这是企业的短期化行为造成的。

### 3. 政　府

对农民工培训仍然存在认识不到位、引导扶持不力的问题。在实际的农民工培训过程中，有些部门对此项工作的重要性认识不到位，对农民工培训工作仅停留在口头上，从省到地市再到乡镇，甚至到村里，在这一链条中应付了事者比比皆是，涉及的具体问题落不到实处。有的认为，这是劳务输出地区的工作；有的认为，这是企业的任务；有的部门则大吐苦水，觉得自己有难处，上级不支持，下面不配合；总之，相关的政策、措施不到位，到位的又运行不畅，农民工培训就处于一种比较松散的状态，想正规化难度较大，当然效果就不好。

培训经费投入不足，缺乏必要的工作经费作支撑。俗语说得好，"都是钱闹的"，"没有钱是办不成事的"。对地方政府而言，财政资金有限的情况下，要做的事很多，钱更得用在刀刃上，能快速提升本地经济水平的，能产生明显政府"业绩"的优先考虑。地方财政配套资金很少，加之工作人手严重不足，工作经费远远不够，所以开展农民工培训工作是心有余而力不足，都希望小钱办大事，也只能尽力而为。农民工培训的管理缺乏制度化、系统化。这是目前所不能避免的，非一日之功，需要国家相关部门，尽快通过调研、考察来制定出切实可行的方案来。同时,农民工就业指导信息渠道不通畅,农民工与招工企业两头热,中间的就业指导部门还需要进一步加大双方的沟通,发挥好桥梁纽带作用。

一些部门培训的方式和内容,没有经过市场调研,通过"拍脑袋"想出来的,无法吸引农民工的关注,形式主义,没有实用价值。农民工认为,与其到那里浪费时间,不如用这个功夫,练成熟练工多赚钱。

## 五、农民工培训的可操作性研究

从目前市场上农民工供求来看,不少农民工的职业技能与企业的发展越来越不相适应,出现了一边是大批农民工进城打工,一边是用人单位发愁招不到人的"民工荒"难题。也就出现了"民工荒"倒逼农民工工资、待遇提高的现象,这也算是好的一个结果,起码对农民工如此。立足市场需求,以就业带动培训是开展好农民工技能培训的关键。一些在制造、缝纫、电子、电焊等方面具有一技之长的大批专业技能人才,是目前市场最需要的,因此培训要因地制宜。很多农民工觉得不需要,不愿意来;一旦发现需要了,哪怕花钱也愿意学,因为学成之后的收益更大。新生代农民工较之他们的父辈,有着许多方面的优势,他们的文化水平有所提高、对新生事物的接受能力比较强、对城市生活有着较强烈的向往。

鉴于本文考察的农民工主要集中在石材业、毛衫业,以20~30岁居多,后者尤其是以女工为主,所以对症下药,建议主要面向80后和90后的年轻人,相对而言,他们更容易接受新的技能、新的思想。

在培训内容上,采取轻理论、重实践的方法,注重实用技能培训。比如,石材业的切具和磨具使用,不需要告诉农民工它的内部构造、作用机理,可直接通过实际操作告诉农民工如何使用、注意事项即可。至于机器本身的维修和保养有专门的技术人员来管理;毛衫业不管是编织还是缝合,不需要工人坐在教室拿着课本听课、记录,让他们直接上机学习、操作,在操作的过程中,直接发现他们操作中存在的问题并进行指导。这样只需要老师现场指导就可以了,把农民工召集起来,选择一家企业作为教授现场,既不用为实习设备发愁,也可以与农民工直接交流,现场解决问题。培训效果更好、更快,还节省了培训的各种投入费用。

在培训方式上,采取分散与集中学习相结合。集中学习方式,不一定要政府提供配套齐全的实习基地,可依靠一些研究所的实验室和职业技术学校的一些实习基地解决一部分实际困难。分散学习有很多优势，三两人或几人一组，由老师在企业里分开讲解指导，节约场地费用、不占用太多白天上班时间，提高了学习积极性，提高了效率。比如，对毛衫业在上机制衣的过程中，各种织法、针法，对初次接触的农民工在上岗之前，可上课集中培训学习，而对于有一定基础的工人只要简单指导一下，不需要集中起来学习。另外，工人白天还要做工赚钱，也不愿意拿出时间放到培训上，可分散指导、现场讲解。

在培训时间上，可灵活掌握。就像上面所说，白天工人要做工赚钱，不愿意把时间用来培训，更何况参加培训的话，不能赚钱了，还要搭上交通费、甚至后续的其他费用。所以培训时间可灵活分散。到现场去或者晚上进行等，只要是基层培训组织直接跟企业挂钩，时间问题就容易解决了。

在加强职业技能培训的同时，注重对他们进行创业教育。如今越来越多的农民工返乡创业，就在一定程度上缓解了"三农"问题。对农民工进行具体的创业指导，包括国家相关的税收、贷款优惠政策，适合农民工创业的行业信息、市场前景等。从思想上让农民工明白，创业可以从小做起，从细做起。比如有的开个养殖场，有的开个修理厂，有的开个服装加工厂等，可以慢慢做起。同时，也要强调，投资有风险，做事需谨慎。不可好高骛远，也不可误入歧途，比如传销组织等。

在加强技能培训的同时，要帮助农民工进行自我规划。比如，在解决生存问题之余，可按照兴趣学习一定技能，毛衫企业的农民工可学习电脑制衣，这样以后自己也可开一个小型毛衫加工厂；农民工对自己的长远发展也要有一个思路，尤其是现在的新生代农民工，更不可得过且过，有规划有上进心，农民工才可脱离这尴尬的身份。在培训时，老师要有意识地做这方面的引导，通过一些农民工成功变身的真实案例让农民工建立信心，才能做下去。这样未来的农民工或者成为现代的农民或者成为现代的工人，他们的下一代自然也就有更大的可能成为一个有能力、有文化、有素养的人。

农民工就业指导部门要开发多种方式方法来促进农民工与企业之间的沟通，通过供需双方面对面，这无论是对农民工还是对企业都是一个很好的改进自我的机会。比如，在农民工聚集的地方发放用工信息单，在指定公告栏张贴用工信息，当然考虑到部门经费和人手的问题，再加上招工信息要定期公布、更换，发放和张贴的办法都做不到长远性。其实，当前最有效的就是通过电信运营商们发送手机短信，一方面成本很低，解决了经费和人手的难题，另一方面操作简单，只需要农民工登记本人真实的手机号码即可。新生代农民工易于接受新鲜事物，基本上人手一部手机，他们对手机的利用率很高，而且对手机上各种功能，尤其是短信操作很熟练，这是一个可以一试的好办法。

## 六、结　语

要真正实现"让农民工满意，让用人单位满意，让政府满意"的目标，还有很多的事要做、要抓紧。大量分析表明，劳动力的素质与转移的速度和层次成正比关系。一般劳动力素质越高，转移速度越快，同时劳动力转移的就业层次也越高。对于年轻一代的农民工来说，接受较多教育培训和有较高技能更能帮助他们适应变化，从新机会中受益，并且能创造他们自己的创业机会，在城市中生存和发展能力相对来说也就越强。

中国有9亿农民，而农民工超过了2.3亿，解决好这2.3亿人的生存和发展问题，不仅是对9亿农民，对中国13亿人都是一件大事。2.3亿人的问题得到解决，那"三农"问题、中国的现代化和城市化问题都将顺利、快速的得到解决。我们期望以这样的方法和目的来提高农民工的技能，促进产业升级，解决"三农"问题，构造和谐社会。

《山东工商学院学报》2013年4月第2期

# 第四篇 人才与服务

第四編　人と己の所考

# 政府互动导向对基层公务员服务绩效的影响研究

## ——基于烟台地区居民的调查

石云霞　赵西萍

## 一、问题的提出

随着网络交互技术的快速发展,顾客可以通过各种沟通媒介,如 QQ、微信、Facebook 等随时随地在世界范围内互动沟通,快速传播大量负面或正面信息,表达自己的不满或满意。各种营利组织或非营利组织都已置身于这种广泛的网络环境之下。然而,组织来自顾客的各种正面或负面舆论尚缺乏足够的控制力和管理能力,这给各类组织管理带来了巨大挑战。具备适应这种变化的管理流程和管理能力成为组织管理制胜的关键。

此种背景下,Kumar 和 Kumani 于 2006 年首次提出"互动导向"的概念,他们认为"互动导向"是一种全新的组织战略导向,反映了在信息交互技术快速发展的背景下,组织与个体顾客进行互动,不断获取顾客需求信息,完善产品和服务,获取有价值的顾客关系的能力。在互动导向的组织战略的指导下,员工在与顾客的互动过程中,会更加重视顾客传达的各种正面或负面信息,规范自己的行为,从而提高自己的服务绩效。在过去的近十年中,互动导向逐渐成为国外管理学界研究的热点,也逐渐引起以服务业为代表的营利性组织的广泛关注。而具有公共性特质的政府组织对互动导向的采用还处在观望阶段。目前,在互动导向战略缺失的基层政府部门,我国基层公务员队伍正面临着因自身信仰缺乏引导而引起公众信任危机的尴尬处境:公务员因为生活水平、人际关系、工作环境等与自己的理想预期相差太大而对现有工作状态不满,有的甚至出现抵触情绪和负面心态,产生职业倦怠;部分公务员较低的服务绩效使公众对整体公务员群体产生了信任危机。

基层公务员是我国公务员的基本体,是社会发展和国家经济的重要推动力量。他们承担着基层公共事务的管理责任,是社会治理和基本公共服务提供的直接主体。基层公务员的服务绩效不仅会对政府治理本身,还会对整个社会的稳定发展造成影响。在构建服务型政府的背景下,基层公务员的服务绩效已成为衡量政府服务绩效的重要指标。探讨政府组织实施互动导向是否能提高基层公务员的服务绩效,将有助于公务员更好地履行职责,服务群众,从而走出公务员信任危机的尴尬境地。

已有研究表明，互动导向通过提高企业的服务质量从而获取稳定客户关系及客户信任。杜运周、张玉利从组织合法性的角度探讨了新企业服务导向能促进企业的创新绩效从而获取稳定顾客；RamaniG 和 Kumar 研究发现，互动导向与基于顾客关系的组织绩效正相关；陈昊雯等认为顾客的需求波动和适中的战略集中度都能帮助企业通过实施互动导向战略从而获取更好的组织绩效。

但是，尚未有研究涉及互动导向在服务型政府管理领域中的应用问题。来源于服务组织领域的互动导向战略在服务型政府获取公众信任方面是否也会发挥重要作用呢？又是通过何种途径提升公众对公务员队伍的信任呢？在目前公众对公务员队伍信任危机下，对此问题的研究非常重要。

## 二、文献回顾与理论假设

### （一）互动导向

"互动导向"的概念由 Kumar 和 Kamani 首次提出，认为"互动导向"是一种全新的组织战略导向，反映了组织与个体顾客进行互动，不断获取顾客需求信息，完善产品和服务，获取有价值的顾客关系的能力。互动导向包括顾客理念、互动响应能力、顾客授权和顾客价值管理四个维度。顾客理念强调充分考虑顾客与顾客之间的差异，从单个顾客而不是市场细分进行企业决策；互动反应能力指企业要具备完善的信息收集、存储、整合、传递、处理系统，通过整合各种资源，及时反应，提高顾客满意度；顾客授权指企业充分与顾客分享信息，鼓励顾客积极参与价值共创而采取的措施；顾客价值管理是指企业能够动态测量个体顾客为企业带来的价值，并根据个体顾客的获利情况，对企业资源合理分配、利用，实现企业利润最大化。

顾客理念、互动反应能力和顾客授权在服务型政府组织中非常重要；而顾客价值管理强调根据顾客为组织带来的利润多少为标准，给顾客提供不同价值的服务，这种理念可能不太适合以公共性为旨归的政府组织。所以本文中的政府互动导向包括顾客理念、互动响应能力和顾客授权三个维度。其中，顾客理念指政府要充分考虑民众的需求差异，牢记为人民群众服务的宗旨，视群众如"上帝"的核心理念；互动响应能力是指政府组织在与群众互动响应过程中所采用的程序与系统，反映了政府组织在管理所服务群众的信息并对之做出处理和响应时所进行的投入；顾客授权指政府充分与民众分享信息，鼓励民众发表意见、建议，积极参与政策制定等价值共创而采取的措施。

### （二）服务绩效

在以公共性为目标的政府组织中，为了更好地履行政府服务于人民的组织目标，政府希望公务员能够扮演多种角色，除了做好本职工作外，还要求公务员能从事多种未必与个人任务直接相关的活动，如主动承担困难、热心对待群众、主动帮助新来的员工等。这些行为称之为情境活动。这与由 Borman 和 Motowidlo 提出的任务绩效与情境绩效二维绩效模型作为服务绩效的衡量方法相吻合。其中公务员的任务绩效反映了公务员个人完成角色内任务的程度，既可以从工作产出和结果方面对工作绩效进行衡量，也可以从组织规定的工作岗位、工作职责、工作角色及工作说明等方面衡量公务员的任务绩效，具体包括七项测量指标，即热情服务群众、尽量满足群众需求、尽量避免工作失误、为工作提供建设性的建议、具备适应不同工作的能力、能完成交办的所有任务、工作中具有创造性。

Borman 等将情境绩效定义为"创造了一种有助于任务活动与过程完成的组织、社会与心理环境的工作行为"，包括人际促进与工作奉献两个子维度。已有研究表明，情境绩效的概念对于不同性质的组织是同样适用的。对具有显著服务特性的公务员服务绩效而言，情境效是影响公众满意度的重要绩效指标。与带有强制性色彩的任务绩效不同，公务员情境绩效指一系列自愿性的工作行为，这些行为营造了政府组织内部以及政府与公众之间良好的心理和社会环境，从而有助于组织任务目标的达成，是一种角色外行为。其中，人际促进包括七项测量指标：同事取得成功时对他们给予称赞；当同事遇到个人困难时，给予他们支持或鼓励；当某一做法可能会影响到同事时，会及时告诉他们；只谈论那些对同事和团体有利的事；鼓励他人积极克服人际障碍而积极相处；公平地对待他人；主动地帮助别人。工作奉献包括八项测量指标：利用休息时间工作以保证任务按时完成；关注工作上的重要细节；工作格外努力；寻求挑战性的工作；工作上自律自制；主动解决工作中的问题，坚持克服困难完成工作任务；主动热情地完成复杂的工作。

### （三）互动导向与服务绩效

Ramani 和 Kumar 验证了互动导向对组织工作绩效有积极的预测作用，并指出互动导向是目前现有营销范式中比较可靠的保持竞争优势的资源，培养互动导向的组织会表现出卓越的绩效。Jeffrey F. 等也指出对组织与顾客之间的互动及互动发生的交界面进行有效的管理，是提高组织绩效，获取竞争优势的有效方法。

已有研究证明，服务型企业实行互动导向能有效地提高组织绩效。这是因为采取互动导向的企业能够从与顾客的互动中及时、有效地收集顾客的信息，并根据这些信息进行决策或开发新产品，从而使产品或服务能够更符合顾客不断变化的需求；此外，互动导向型企业还会对顾客进行授权，鼓励顾客参与决策讨论，实现产品或服务价值的共同创造，从而提高产品或服务绩效。

目前我国正经历着从管理型政府向服务型政府转变，从而具备了视公众为顾客的服务理念。因而上述企业组织中被证明采用互动导向将提高服务绩效的论断也应该适用于政府组织。首先，采用互动导向战略的政府组织拥有较强的互动反应能力。互动响应能力是指政府组织在与群众互动响应过程中所采用的程序与系统，反映了政府组织在管理所服务的群众的信息并对之做出处理和响应时所做的投入。政府互动反应能力高，就会通过各种途径从前期服务过的群众及与其他群众互动中所获取反馈信息，完善为群众解决问题、进行服务的系统。这种快速互动反应程序和系统会对员工的工作积极性和满意度产生影响，大大提高政府员工的工作效率，从而提高公务员的任务绩效。其次，采用互动导向的政府组织将赋予民众更多的话语权。顾客授权反映了政府组织增强对民众的信息透明度，并鼓励民众对政府服务提出批评、建议、表扬等各种信息，从而改进政府各项政策和服务，增加民众满意度，提高公务员情境绩效。综上，我们提出以下两点：H1：互动导向对基层公务员的任务绩效有正向预测作用；H2：互动导向对基层公务员的情境绩效有正向预测作用。

## 三、实证分析

### （一）研究样本

本研究选取山东省烟台市为观察地区，通过问卷调查的方式收集数据，服务绩效测评的对象为基层乡镇政府及镇街办事处的公务员，问卷调查对象则为该地区基层政府部门的服务对象，即所辖居民。发放问卷357份，回收问卷320份，有效问卷287份，问卷有效回收率为80.4%。其中，男性136人，占47.3%；女性151人，占52.7%。年龄在18~25岁人员79人，约占27.5%；26~45岁人员67人，约占23.3%；45岁以上的141人，约占49.1%。本区居民198人，约占68.9%；外地户籍在本区工作89人，约占

31.1%。分别做了双样本 T 检验，不同性别、年龄和地域等之间没有显著性差异（$p > 0.05$）。

## （二）变量的定义与测度

本研究选用管理学领域的成熟量表以确保测量工具的信度和效度。在社区中随机发放了测试性问卷，根据测试性问卷的填写情况及研究情境对问卷作了修订，最终形成本研究所使用的量表。研究中互动导向量量表（$a = 0.806$）来源于 Ramami 和 Kumar 的量表，根据研究情境进行了适当修改。原量表中顾客价值管理强调根据顾客为组织带来的利润多少，给顾客提供相应的不同价值的服务。这种理念不适合政府组织，所以在本研究中删除此维度。因变量服务绩效量表（$a = 0.90$）采用 Becker 和 Ker-nan 的角色内绩效问卷作为任务绩效的测量（$a = 0.87$），采用 Scotter 和 Motwidlo 的情境绩效问卷分别从人际促进（$a = 0.90$）和工作奉献（$a = 0.89$）两个维度测量情境绩效。全部问卷采用 likert5 级量表，1 表示"完全不同意"，5 表示"完全同意"。

## （三）结果分析

### 1. 信效度分析

各量表的克伦巴赫系数均大于临界值 0.7，显示了较好的信度和聚合效度。此外，通过 AMOS（7.0 版本）验证性因子分析求取各变量的平均方差抽取量（AVE）与组合信度（CR），进一步检验该量表的信度。得各变量的 AVE 值均大于 0.5，CR 值大于 0.7，表明量表具有很好的信度。效度方面，拟合参数 $x2/df = 1.456$；$CFI = 0.932$ $TLI = 0.978$；$NFI = 0.964$；$RMSEA = 0.043$。所有题项因子的标准载荷均大于 0.5，并在 0.001 水平上显著，量表具有较高的收敛效度。所有变量的 AVE 值均大于其他因子相关系数的平方值，变量具有良好的判别效度。

### 2. 服务绩效的验证性因素分析

我们用验证性分析的方法检验了每一个题项在模型中的因子载荷，结果见表 1，所有的载荷值均大于.60。验证性因素分析的结果证明，在政府组织的研究情境下，任务绩效和情境绩效虽有相关，却是两个分开的结构。采用任务绩效和情境绩效两分法来衡量公务员服务绩效是有效的方法。

表1　服务绩效的验证性分析结果

| 题　项 | 因素1 | 因素2 | 因素3 |
|---|---|---|---|
| 任务绩效 | | | |
| 热情服务群众 | .76 | | |
| 尽量满足群众需求 | .74 | | |
| 尽量避免工作失误 | .74 | | |
| 为工作提供建设性意见 | .71 | | |
| 具备适应不同工作的能力 | .61 | | |
| 能完成交办的任务 | .67 | | |
| 工作中具有创造性 | .71 | | |
| 人际促进 | | | |
| 同事取得成功时对他们给予称赞 | | .62 | |
| 当同事遇到个人困难时,给予他们支持或鼓励 | | .60 | |
| 当某一做法可能会影响到同事时会及时告诉他们 | | .61 | |
| 只谈论那些对同事和团体有利的事 | | .66 | |
| 鼓励他人积极克服人际障碍而积极相处 | | .70 | |
| 公平地对待他人 | | .71 | |
| 主动地帮助别人 | | .77 | |
| 工作奉献 | | | |
| 利用休息时间工作以保证任务按时完成 | | | .84 |
| 关注工作上的重要细节 | | | .65 |
| 工作格外努力 | | | .86 |
| 寻求挑战性的工作 | | | .74 |
| 工作上自律自制 | | | .67 |
| 主动解决工作中的问题 | | | .78 |
| 坚持克服困难完成工作任务 | | | .80 |
| 主动热情地完成复杂的工作 | | | .81 |

## 3. 各变量描述性统计分析结果

互动导向中的顾客理念,互动响应能力,顾客授权和服务绩效中的任务绩效和情境绩效的平均数、标志差及各变量之间的相关系数见表2。可以初步看出互动导向中的各变量与任务绩效与服务绩效均存在显著的正相关关系。

表2 各变量描述性统计分析

| 变量 | M | SD | 1 | 2 | 3 | 4 |
|---|---|---|---|---|---|---|
| 1. 顾客理念 | 3.87 | 0.76 | | | | |
| 2. 互动响应能力 | 3.74 | 0.63 | .609* | | | |
| 3. 顾客授权 | 3.86 | 0.54 | .690** | .447* | | |
| 4. 任务绩效 | 3.85 | 0.65 | .723* | .577** | .472* | |
| 5. 情景绩效 | 3.90 | 0.63 | .695* | .547* | .802* | .459* |

注：*$P<0.05$，**$P<0.01$

### 4. 互动导向对公务员任务绩效和情境绩效的预测作用

采用 SPSS 回归分析的方法考察了互动导向各维度对任务绩效和情境绩效的预测作用，结果如表3显示，两个方程的 R2 值分别是 0.837 和 0.806，说明方程具有很强的解释力。互动导向各维度对任务绩效和情境绩效均有显著的正向预测作用。H1 和 H2 得到证实。

表3 服务绩效各维度的回归分析

| 变量 | 任务绩效 | 情景绩效 |
|---|---|---|
| 顾客导向 | 0.678* | 0.498* |
| 互动响应能力 | 0.523** | 0.776** |
| 顾客授权 | 0.407* | 0.403* |
| R2 | 0.837 | 0.806 |

注：*$P<0.05$，**$P<0.01$

## 四、研究结论与展望

### （一）研究结论

（1）公务员服务绩效中，任务绩效和情境绩效虽然有一定的相关，但两者却有不同的构面（construct domain），是两个分开的结构。采用任务绩效和情境绩效两分法来衡量公务员绩效是有效的方法。情感劳动投入的多少会决定情境绩效的高低，这说明基层政府在向服务型政府转变的过程中，公务员的情感劳动投入已经成为服务绩效高低的重要因素。对于情感劳动要求较高的工作而言，人际技能、情感智力、情感表达能力以及冲突管理等也是转型期内人力资本的重要组成部分,是新时期政府在对基层公务员服务绩效考核、测评、激励等人力资源管理工作应该关注的重要问题。

(2)回归分析的结果表明互动导向对公务员任务绩效和情境绩效均具有显著的预测作用。政府的互动导向有助于改变公务员的信仰危机,提高公务员的服务绩效。其中,顾客理念是政府互动导向中的核心理念。政府可通过员工培训、思想教育等组织社会化过程,增强员工为人民群众服务的核心理念,视群众如"上帝",在服务民众的过程中积极与其互动沟通并充分利用在互动中所获取的信息改进服务。政府互动导向中的互动响应能力,更多地体现在简化多余程序,为群众办实事。政府要积极采用现代媒体技术加强与民众的互动,数据搜集工具及数据库系统是常见的支持系统。互动导向中的顾客授权,可增强民众的主人翁意识,政府可通过在线论坛、咨询热线等方式听取民声民意,与民众分享信息,鼓励民众发表意见、建议、参与政策制定。通过顾客授权,政府能够及时对政策法规、服务流程、员工培训等各方面做出改进,增强民众对公务员服务绩效的满意感,从而增强公务员的服务情境绩效。

政府的互动导向理念有助转变基层公务员的服务态度,提高公务员的服务水平,增进民众对公务员及政府的信任,改变民众对公务员的信任危机。民众对公务员的信任来源于与基层公务员互动接触过程,公务员在为群众解决实际问题的过程中的任务绩效和情境绩效都会影响到群众对公务员的满意与信任。这表明互动导向在建设服务型政府、提升公务员服务绩效的必要性和重要性。在政府互动导向战略下,为提升公务员服务绩效,政府应开展以下工作:第一,教育和引导公务员改变"官老爷"思想,进一步树立服务意识和公仆意识,改变服务态度,端正对自身服务角色的认识。第二,充分应用现代媒体技术和先进的管理方法,改进服务流程,以民为本,提高公务员的办事效率,提高服务质量。第三,定期对员工进行相关沟通知识及业务流程培训,提高公务员的服务技能和专业知识。同时,建立健全各项有关为民服务的规章制度,实行服务质量问责制等方法确保服务绩效的提升。

## (二)研究贡献与展望

从理论层面上,本文在 Ramani 等人研究基础上,将互动导向这一服务管理战略概念引入到政府管理中,通过分析互动导向对公务员服务绩效的影响,进一步拓展服务导向的研究领域,完善互动导向的研究框架,为未来互动导向在服务型政府管理的实证研究中奠定了一定的理论基础。在以后的研究中,应进一步加强互动导向对政府管理绩效的作用机制研究，并根据情境依赖的研究范式探讨服务型政府互动导向战略的适用条件。

另外，本研究也对政府在信息技术快速发展的新形势下如何提高公务员的服务绩效，改变公务员的信任危机提供了指导。各级政府，尤其是基层政府组织，应积极采取互动导向，关注民众需求，利用信息技术加强与民众的沟通，提升政府组织的互动响应能力；保障民众批评、建议的权利，使民众真正参与到公共事务管理中，以实现和谐社会价值的共同创造。

《中国行政管理》2014 年第 10 期

# 海洋产业从业人员的构成及人才培训方案研究
## ——以山东蓝色经济区为背景

李 爱  刘万辉

  我国是海陆兼备大国，拥有 1300 万平方公里海域，1.8 万公里海岸线，海洋安全和经济利益是毋庸置疑的，但是我们距离海洋强国水平还差得很远。21 世纪，合理、高效的发展海洋事业成为中国经济、社会发展的"重头戏"。党的十七大报告提出"发展海洋产业"战略，明确了中国建设海洋强国，发展海上事业的目标。早在 2009 年，胡锦涛总书记在山东视察时，提出要打造山东半岛"蓝色经济区"。2011 与 2012 两年内，国务院就接连批复了山东、浙江、广东、福建四个国家级海洋经济区。动作之快，让我们强烈感觉到中国海洋事业正在全面、快速的推进。其中，山东"蓝色经济区"正是在这样的背景和机遇下规划发展起来的，山东海洋经济的发展一直走在全国的前面。近几年，山东省海洋经济的发展在经历了初期以"资源取胜"的阶段之后，也遇到了很多问题，包括海洋类企业技术落后、产品遇冷、企业停产等。"蓝色经济区"的龙头，海洋经济的主力青岛、烟台和威海也意识到，当地海洋经济的发展依赖于人这一主观载体。正是在国家提出建设发展山东省"蓝色经济区"这一背景下，本文重点研究了海洋产业从业人员的技能培训相关问题。

  要促进海洋经济的可持续发展，第一要务是保障人才的供给。海洋产业发展的基础在教育，根本在科技，关键在人才。无论哪个产业，从业人员的素质高低都会直接影响到该产业的发展。海洋产业从业人员的素质和能力直接决定着中国海洋经济的生存和发展。据不完全统计，2010 年，中国内地涉海就业人员已接近 3 350 万，海洋产业职工（或劳动力）中的专业技术人员比例却不足 1%，平均文化程度只相当于受过 6 年的小学教育。海洋产业从业人员主要分为两大类，一是海上从业人员，包括周边的渔民、船员、潜水员等；二是陆上从事海洋类产品养殖、生产（加工、提炼）、研发、销售等，主要包括企业员工（普通工人、技术工人和管理层）和高校等科研机构人员。

## 一、海洋产业从业人员构成

  在对海洋产业从业人员进行详细分析和分类之后，结合山东省"蓝色经济区"内的海洋企业发展状况,从培养人才的角度,把他们主要划分为三个层次:普通劳动者、技能型人才和管理型人才。

1. 普通劳动者

渔民、养殖户、企业一线工人基本都属于这一类。这一群体的基本问题:年龄偏大,尤其是海上作业的渔民、船员,青年人多数不愿意从事这种又苦又累的工作。男性居多,尤其是渔民基本上都是男性,企业员工中会有少部分女性,基本上也是中年妇女居多;受教育程度偏低,受过相关技术培训的比例偏低。比如,在张海清、杨正勇、王子军关于大城市郊区渔民劳动力素质研究——基于上海市的实地调查中,渔民的年龄结构是,77.82%劳动力在20~65岁之间。受教育程度是,高中文化程度占20.59%,初中文化程度占28.43%,小学文化程度占47.06%,文盲或半文盲占3.92%。下面就以渔民为例来说明培训的必要性。

(1) 山东省海洋第一产业主要靠渔业经济当家。目前,"蓝色经济区"内的渔业处于传统产业开发阶段,属粗放型、资源消耗型经济结构,而且由于资金投入不足,渔业技术落后,良种退化,病害严重。靠天吃饭,靠海吃饭,形容渔民再贴切不过了。渔民是最容易遭受自然灾害的群体之一,一旦遭遇灾害,就会对渔民财产、生命造成毁灭性的损失和打击。由于缺乏技术和指导,渔民不能保证在养殖病害防治、饵料选择投放等有一定技术含量的工作环节上的正确操作,妨碍了养殖效益的提高和安全生产的实施。另外,目前渔业存在严重的过度捕捞、私自放养等问题,虽然各地规定了休渔期,比如烟台2013年三个月的休渔期就在6月1号至9月1号。但是,休渔期间违法获利的现象仍然屡禁不止,这不利于渔业的可持续发展,对渔民的收入和未来都有直接的危害。

(2) 渔民由于总体素质较低,又缺少其他生活所需的基本技能,适合渔民的就业机会很少,就业渠道比较单一。渔民离开渔业,离开了海洋,无论是生存还是未来发展都存在很大困难,对社会治安来说也是隐患。所以,一方面要规范渔民的行为,保证海洋渔业的可持续性;另一方面,对渔民来说,增加收入,改善生活才是他们的目的,要多方面、多渠道创造渔民增收的途径。为他们寻找"第二职业"或者帮助他们转产转业,愿意离开渔业,从事别的工作。既增加了"渔民"收入,又缓解了海洋渔业压力,保护了海洋生物的发展,可谓"一举多得"。随着海洋渔业结构调整,大量渔民需要转产转业,对渔民的培训要加强两个方面:对从事渔业的技术和操作培训和对转业转产所需技能的基本培训。

（3）海洋工程建设引起失海失涂，已经严重影响了海洋生态环境、渔业生产和渔民生活。近年来，随着海洋工程项目越来越多，规模越来越大，建设用海用涂增加。远的不说，就说2005年几项工程：山东省政府批准填海41.2公顷，建设海阳核电厂；大连建造海上火车站，耗资31亿元打造的烟台至大连铁路轮渡工程，为了加快码头建设速度，该工程采取一种罕见的"水下施工变陆上施工"的施工方式，用25个长10.6米、高9.5米、每个重350吨的大型钢筋混凝土沉箱沉入海底。这些都对渔业的发展和渔民的生存带来了直接的、极大的影响。

## 2. 技能型人才

所谓技能型人才，主要指两类人才：一是熟练技工，二是高级技工。在企业经营中，技能型人才的作用不可替代，尤其是高技能人才还发挥着科技带头、"师带徒"的教育培训作用。对"蓝色经济区"内的海洋类企业来说，技能型人才的缺乏是有目共睹的，而这对产业和企业发展的制约作用也是非常显著的。企业需要人才，这是很多海洋类企业的负责人们的共同心声和头等大事。

（1）一线熟练技术工人的缺乏，成为很多海洋企业发展的瓶颈之一。很多的船舶制造公司急需一线熟练技术工人，比如焊工、磨工等，这些岗位要有一定的技术含量，且大多"脏、累、差"，比较耗费体力，又需要时间来磨炼、掌握。许多青年人吃不了这种苦，而企业出于各种考虑，不愿从头培养，在"用工荒"的压力之下，企业只能"高薪养人"。企业这类熟练技工的工资多的能达到万元，还不包括节假日企业送的"红包"、福利等。

（2）在海洋类企业中，高级技工是最为紧缺的，他们甚至决定着一个企业的兴衰成败。就从海上运输、捕捞都离不开的船业来说，高级船员（包括船长、大副、轮机长、大管轮等）甚至被认为，在海上他们决定了整条船和船员们的生命和安全。一般来说，20~29岁的船员人数最为集中，它是船员生涯的黄金年龄段；另一方面，鉴于船员职业对实践经验的依赖性很强，30~40岁的船员是航海的中坚力量，航运公司当然愿意雇佣有实践经验的高级船员。但从利益的角度考虑，绝大多数企业只想索取，不愿付出，只想使用，不想培养。因此当务之急是航运公司应该注重对青年船员的培养，从实习、晋升到大胆使用要给普通船员创造机会，让他们成长。

（3）目前，我国以"海洋"命名的普通高等院校有5所，分别是中国海洋大学（山东青岛）、大连海洋大学、上海海洋大学、浙江海洋学院及广东海洋大学。这一矛盾普遍存在：一方面是海洋人才的总量储备不够，专业类人才缺乏;另一方面,涉海类高校的毕业生知识面窄、理论脱离实际,特别是绝大多数毕业生不愿意到海洋经济的第一线去锻炼。

### 3. 管理型人才

海洋产业的管理型人才是指在组织构成中,系统掌握经济、管理和法律等方面知识并能从事海洋类产业经营管理的综合性人才。目前,海洋人力资源中的高水平管理型人才占的比例较小。

(1)据抽样调查统计,"蓝色经济区"内的海洋企业管理人员中,从产业分布上看,海洋人才主要分布在海产、水产捕捞、养殖上,占整个海洋从业人员比例的37%以上。从文化水平(学历)上看,大学本科及以上占40%,大专占45%,其他(包括高中、初中甚至小学)占15%。

(2)海洋类企业里的管理层主要存在两类问题管理方式:一是行政命令型。只是负责上传下达,对专业的海洋知识和业务不懂、不问、不学。管理的方式是制度约束,简单、粗放;二是滥竽充数型。外行领导内行,盲目下任务、定目标,不考虑实际,不参与过程,只片面追求结果。

## 二、海洋产业从业人员培训方案

诸多情况表明,我国海洋人力资源整体素质偏低,位于"金字塔"塔尖的高水平人才太少,严重影响了海洋事业未来的发展。

### 1. 外国对海洋人才的培养、规划

美国在20世纪中期开始实施海洋教育计划,为三种海洋教育、培训形式提供资金支持:第一种是在中小学开展海洋基础知识教育;第二种是科研院所和高校的教学科研;第三种即海洋技能培训。澳大利亚东临太平洋,西临印度洋,海岸线达37 000公里。在澳大利亚,有60%的职业院校是专门为海洋经济培养相关技能型人才的,其相关专业都是围绕海洋保护与开发进行设置。

### 2. 中国的人才资源特点

与其他资源(资本、土地)相比,人力资源的优势在于它的学习性,即通过教育、培训等学习手段帮助其成才,提升自身的能力和价值。中国的人力资源有三大特点,一是数量众多,二是学习能力快,三是每个人都有梦想。

然而，长期以来中国海洋人力资源的培训没有得到足够的重视。我们国家应注重对海洋类人才的培养和教育问题。对海洋从业人员进行教育、培训方面，除了进修学习、攻读研究生，各种培训、辅导班、交流研讨会等，在新世纪要借助网络和多媒体设施，更快、更好的挖掘多元化的方式方法，以全面改善海洋人力资源素质，提升他们的能力。

（1）普通劳动者。仍以上述渔民为例。某课题组的调研显示，在受访的参加过各类渔业技术培训的渔民中，认为培训内容有用的占 80.5%，认为培训内容符合个人的要求占 71.8%。渔民希望，通过培训对渔业新技术、新资料的应用，实现产业增效，提高家庭收入。据统计，渔民中参加过培训的，收入均比培训前增加 10%~30%，并且对周边的渔民还有扩散效应。

调研显示，渔民对培训的形式、内容和方式、时间等方面都有具体要求，在相关部门考虑安排培训时，这些可吸引更多渔民参与，从而提高培训的效果。在培训地点上，渔民倾向于选择本村或邻村；在培训时间上，渔民认为 5 天以内更为合适，并且时间最好安排在休闲季节；从培训的内容看，养殖新技术、渔业新品种、鱼病虫害防治、水产品质量安全等方面比较受渔民欢迎和重视；就培训形式而言，实地培训，边操作边讲解，边看边学，边交流边学，深受渔民欢迎。也可利用视频、网站等形式增加培训的灵活性。坚持渔民需求导向原则，确保培训质量。培训师应聘请了解农村、熟悉渔业、贴近渔民，具有一定资质和丰富实践经验、感染力强的培训讲师、专家，特别是基层渔业技术人员，效果更好。

无论是海洋捕捞还是海水养殖，作为一个新型渔民，必须具有先进的思想观念、良好的社会风尚和科学的经营方式，要知法守法、崇尚科学、勤劳致富。培养一批有文化、有技术、会经营、懂管理的渔民技术能人和科技示范户来带动整体渔民的提高，促进海洋渔业的良性发展。

（2）技能型人才。山东是海洋人才分布最多的省份，其涉海专业的博士、硕士及本、专科在校生人数分别为 778 人、868 人、11 597 人，占全国同层次涉海专业在校生人数的 38.5%、16.7%及 14.4%（2005 年统计数据），数据还是逐年快速上升，这是"蓝色经济区"的优势。目前我国海洋总体技能型人才短缺，已成为制约海洋产业发展壮大的"绊脚石"。

海洋技能型人才的不足，可以通过大力发展职业海洋教育，提高职业海洋教育的水平来弥补。技能型人才的培养要依托高等院校和科研院所。优化海洋高等教育，探索海洋类学院和专业设置，开发与海洋相关的实用性专业，加大技能型人才的长远供给。海洋专业人才掌握知识的关键是要学以致用，运用各种机会和方式对知识活学活用，形成在海洋经济中提供人才，培育人才、提升人才。知识和技术只有通过实践转化为实际的生产力，才能真正意义上实现其社会价值。

对于前述"蓝色经济区"内海洋高级人才培训方式守旧、效果不佳、与市场脱节等问题，应采取多种方式，利用多种机会提高人才素质。除了传统方式之外，可以通过高层交流会、出国考察，到优秀的国外企业实践等方式进行充电，学习专业化技术比如海水淡化、深海养殖等，学习高级管理、金融、国际贸易等。

（3）管理型人才。海洋经营管理人才需要能够整合各种现存资源、了解市场需求，将海洋产品投入市场、获取经济效益。在海洋开发力度不断加大的同时，海洋的经营和管理也面临着许多机遇和挑战，发展蓝色海洋经济，，迫切需要更多的优秀的管理人才。据国家海洋局信息，通过"三驾马车"打造高端海洋人才。国家海洋局抓海洋人才队伍建设的"三项创新性工作"：公派留学、留学人才引进、优秀海洋科技青年评选，被亲切地称为"三驾马车"。

优秀的管理型人才可以引进。引入高水平的管理型人才，若运用得好，既可以提高企业管理层的见识、水平，更可以带着企业做大做强。一般认为，知识、能力水平越高的人转换工作的可能性就越高，所以引进来，还要留得住才行。关键是引进来的人才要能很好地融合到企业文化中去，与企业的成长、文化融合到一起。否则，就会像中国的很多企业所经历或者遭受的那样，要么，引进的人才"水土不服"，最后只能"铩羽而归"；要么企业高层强行推进改革或措施，导致企业人心浮动，企业"元气大伤"甚至产生"哗变"。优秀的管理型人才，也可以培养。培养具有真正"内行"水平的管理人才，可以通过不定期、多次培训的方式来弥补专业知识和业务水平的不足，缺什么补什么。在实践中，管理人员能够更准确的知道他们缺少什么，市场需要什么，有的放矢的学习，效果更好。

企业管理层要真正做到"政企分开"，行政性管理人员一要做好自己的本职工作，为专业技术人才提供好的服务和后勤保障；二要利用一切机会学习、了解企业的产品生产和相关技术、工艺。了解了企业员工的需求，才能更好地为他们服务，企业才有更长远的发展。

最后，"蓝色经济区"内地方政府要做好保障工作，改善人才居住环境，这是培养、留住人才的"软条件"，也是最关键的一环。要改善环境，就要把政策和服务结合起来，要在政策上给出保证，更要在服务中体现态度。要为高级海洋人才提供良好的工作环境与生活条件，解决好他们的后顾之忧。

## 三、结　语

　　要高度重视高等教育。高等教育是培养海洋人才的重要途径，加强产学研的结合，培养学生的实践力和创新力，使毕业之后的他们能顺利完成从理论到现实的转变，为海洋经济的发展提供原动力和竞争力。近年来，以国家海洋局为首的相关部门高度重视岗位培训工作，积极举办了多形式、多层次的海洋干部学习班，极大地丰富了各级、各类海洋从业者的海洋专业知识和管理知识，增强其专业技能和管理水平。2010年，国家海洋局牵头组织印发了《全国海洋人才发展中长期规划纲要（2010—2020年）》，明确了海洋人才发展的总体目标和步骤。让我们朝着这个目标，为了"蓝色经济区"的长远发展，从自身开始，一起努力吧！

《山东工商学院学报》2014年10月第5期

# 资源型城市转型时期的人力资源开发策略研究
## ——以山东省东营市为例

盖佳敏

## 一、引 言

资源型城市是指以自然资源的开采与开发及其加工和附属产业为主导产业的城市。新中国成立以来，我国的经济建设与发展所需要的大量工业原材料和能源保障均来自于资源型城市，资源型城市在社会主义经济建设中扮演的角色无可替代。然而近年来，由于不可再生资源面临枯竭和资源诅咒定律，资源型城市面临着史无前例的挑战，经济转型迫在眉睫。

《全国资源型城市可持续发展规划（2013—2020年）》，首次界定了262个"资源型城市"，山东省东营市作为石油城市位列其中。按照一定的阶段来划分资源型城市的发展，资源型城市大致可以分为起步期、成长期、成熟期和衰退期。如今，东营市已进入成熟期阶段，一旦油资源枯竭，大量劳动力面临失业，各种社会问题将蜂拥而至，因此在成熟期进行经济转型成为必然。而城市成功转型关键在于人力资源。

截至目前，东营市工业生产增长的主要因素仍为以石油加工业为首的重点行业。2013年，东营市重点行业累计增加2 584.25亿元，其中石油加工业增加值高出17.9%。以上数据显示，石油加工业对全市的工业经济支撑作用越来越明显。资源的不可再生性决定了以石油加工业为主导的经济模式只能是一个发展阶段，并不能作为城市永久发展的基础。因此，"从自然资源开发开始，到自然资源开发与人力资源开发相结合，最终再到人力资源开发"是资源型城市发展应该遵循的轨迹，通过组织管理水平、人的素质提升等推动资源型城市的可持续发展，发挥人的主观能动性摆脱对自然资源的依赖，实现成功转型。

## 二、东营市人力资源现状

### 1. 人力资源概况

胜利油田于1974年9月29日建成，是一个资金密集、资源丰富、人才密集、技术密集的特大型国有企业。到 2011 年 5 月 1 日为止，胜利油田石油地质储量达 50.6 亿吨，总产值 1.26 万亿元，上缴利税 6 000 亿元。有关数据显示，农林牧渔业从业人员年平均数为 4 485，采矿业从业人员年平均人数为 139 668，制造业从业人员年平均人数为 114 080，建筑业从业人员年平均人数为 39 927，其他产业从业人员年平均人数为 176 175。（数据来源：东营统计年鉴—http：//www.dytjj.com/dytj/pic/2013/东营统计年鉴 2013-2、从业人员和劳动报酬.pdf）根据数据显示，采矿业从业人数占东营市从业人员年平均数的 29.44%，制造业从业人数占从业人员年平均数的 24.05%。2013 年，东营市石油装备制造业创造的工业总产值为 836.0 亿元。从以上数据我们可以得知，东营市的石油采矿与其相关的制造业所占从业人数的比重较大。

### 2. 东营市高校学生从业情况

东营市现有高等院校为一所本科院校、两所专科院校、一所山东独立高校、一所民办高校，其中两所院校以石油专业为主导专业，满足不了东营市转型时期各行业人力资源需求。东营市高等院校的数量和人才培养质量导致东营市缺少本地院校的高级管理人才和高等技术人才的输入。

### 3. 东营市农村人力资源现状

东营市农用地占土地总面积的 47.47%，从业年平均人数中仅有 0.95%从事农、林、牧、渔业，但全市的 58.2%人口为农业人口，且学历水平和综合素质普遍偏低。总体来说，东营市的农村人力资源总量相当丰富，但是在文化素质和科技素质方面还亟待提高。

## 三、"黄蓝战略"人才工程

### 1. 平台载体提升工程

东营市以实施国家"黄蓝战略"为契机，已建成国家级和省级重点人才平台载体 210 个，加大人才培养力度，提高人才培养质量，高度重视人才培养，建设"人才管理改革试验区"并设立相关基金为人才平台提供资金基础。此工程为东营市经济转型时期的人才培养提供了很好的平台。

### 2."双十双百"计划

大力引进东营市经济转型时期所急需人才，引进海外高层次人才，进行海外高层管人员和高级技术人才招聘，同时开展"百名博士进东营"、"名校英才进东营"等活动，投入大量资金吸引人才，以保证转型时期的各行业人才需要，完善人力资源体系，增加高层次人力资源数量和提高人力资源质量。

### 3."黄河三角洲学者"工程

为加大科研力度增加科研成果并实现科研成果转化为经济效益，服务产业转型，大力培养重点产业与学科领军人物，东营市于2011年实施"黄河三角洲学者"工程，引进专业人才，为科研提供良好环境。进一步加强创新队伍建设与科研能力建设。

### 4.人才发展工程

为培养高级技术人才并各行业提高高级技术人才的数量和质量，东营市重点实施高技能人才发展工程，围绕全市重点产业发展需求，培养各行业所需专门人才，同时选取代表性企业开展人才评价试点，调动了职工提升技能的积极性，实现高技能人才的示范带动作用。

## 四、转型时期人力资源开发的优势与面临的挑战

微观角度来看，城市的自然资源、经济基点、经济体制和发展战略等因素决定了城市能否转型成功，并在很大程度上影响人力资源开发。现将东营市成功转型的优势和劣势因素分析如下：

### 1.多样化的自然资源和较高的经济基点

东营市除了石油资源外，天然气资源、地下盐卤资源、土地资源、淡水资源也非常丰富，其中天然气储量为367亿立方米，黄河流经东营市境内138公里，土地资源人均占有量位于沿海县区首列。在经济发展水平上，时任东营市市长的申长友在第七届人民代表大会政府工作报告中指出，2013年全市生产总值达到了3 250亿元，主要经济指标增幅位居全省前列，有较高的经济基点，为东营市成功转型提供了经济基础。

### 2.区位优势明显

东营市位于环渤海区域、黄河三角洲、山东半岛经济区，与韩国和日本隔海相望。国务院于2009年和2011年批复《黄河三角洲高效生态经济区发

展规划》、《山东半岛蓝色经济区发展规划》两大国家级战略让东营市的位置优势更加明显,国家两大战略在这里交汇,使得一系列的国家相关政策为东营市经济成功转型和人力资源开发提供有利条件。

### 3. 人力资源需求与供给之间的矛盾

东营市转型时期,经济体制从一元化向多元化发展,但相关人力资源结构没有随之调整,在一定程度上阻碍了城市经济成功转型。以东营区为例,近年来,东营区正在向黄河三角洲高效生态旅游产业进发,但由于缺少相关人才,造成整体产业结构不完善,市场运作机制和融资机制不完善,旅游业整体发展水平有待提高等。可以看到的是,近年来旅游业在第三产业中的比重逐步提升。但是在取得成绩的同时我们也看到了阻碍东营市旅游业进一步提升的不足之处,就是高水准的旅游服务需求同低学历低素质的旅游业相关从业人员之间的矛盾,东营区缺少旅游业相关技术人才,整体规划不完善。此因素在很大程度影响了东营市的旅游吸引力。

### 4. 本地高校输出高层次人才少

东营本地只有一所本科院校且只有部分专业,且高校主导专业为石油相关专业,满足不了东营经济高速发展各行业所需人才数量和质量,对高级人力资源补充所做贡献太少。高等院校的现状导致东营市高级人力资源补充只能通过对外招聘或者东营本地学生回到生源地,成本高效率低。东营高校的数量以及质量为东营市的人力资源开发带来相当程度上的挑战。

### 5. 人力资源制度不健全

在转型时期,人力资源管理关键问题有人员考核和退出机制等,但目前来看,这方面机制并不完善,体现在员工能进不能出、考核标准不清、结果缺乏公开性等。由于一元化向多元化发展,劳动力需要大量转移,需要大量资金和相应管理模式,离退休人员和下岗职工在就业制度不完善,目前社会保障方面资金供给量不足,在一定程度上影响人力资源开发。

## 五、东营市经济转型时期的人力资源开发方向

### 1. 加大科技开发,以先进科技与科研成果促进城市成功转型

在资源型城市转型的过程中,培养各行业高素质的人才尤为重要,增强

科技进步对经济发展的推动作用,这是石油城市可持续发展的关键。提高本人地人才的培养质量和引进外地高素质人才,壮大科研队伍,提高科研质量,和科研效益转化率尤为关键。为人才提供平台,进行海外招聘和外地高校招聘强化科研能力建设,提高创新能力,通过科技创新来带动人力资源的提升。

### 2. 响应国家政策,以此为契机整合人力资源

近年来,国家提出黄蓝战略,其政策为转型中的东营市人力资源开发提供了有利条件,东营市迎来跨越发展的重大历史机遇。黄蓝黑完美交汇于东营,政府对其投资力度加大,有利于其产业链的完成。但机遇是阶段性的,而不是永存的,必须打破常规,以此为契机整合人力资源,以强大的人力资源优势抢先跨越发展。

### 3. 以油田体制改革为契机,规划人力资源发展

过去,东营市受计划经济的影响,油地劳动力流通十分困难,这直接导致了人力资源供需结构失衡。在产业转型时期,以油田体制改革为契机,完善油地劳动力流通机制,引进高级管理人才,加强东营市对人力资源的统一规划,对其进行整体谋划和布局,优化人力资源结构,使得各类型人才在各自岗位上人尽其才。

### 4. 加强资金扶持,以优厚待遇吸引人才

在石油城市的转型时期,对于现有的人才,想要继续深造提高,在短期内是很难培养出来的,所以吸引外地现成的相关人才,是满足城市转型对人才的需求的有效途径。让这些引进来的人才,为东营市的转型贡献力量。

### 5. 完善社会保障与人力资源体系,加强政策扶持

产业转型和企业并购改革等会造成大量劳动力失业,政府实行相关政策是劳动力市场转移的关键,主要体现在下岗职工生活保障、职工转岗培训再就业等。在保障劳动力再就业的同时,满足社会需求,造就一批具有竞争优势的新型工人队伍。

《经营管理者》2014年10月(中期)

# 高校服务地方经济社会发展的实践探索
## ——以山东工商学院服务烟台为例

纪组伟

服务社会是当代大学的三大职能之一，在地方经济社会发展过程中发挥着越来越重要的作用。同时，随着高教大众化的到来，教书育人理念、人才培养模式也发生了显著变化，高校竞争也越来越白炽化，以服务求发展、以贡献求支持、以合作求双赢已经成为高校办学的新路径。山东工商学院结合自身实际，进一步发挥高校服务社会的职能，加大服务社会工作力度，整合办学资源，充分发挥人才、学科等优势，不断创新思路，探索社会服务新途径，主动融入地方经济建设和社会发展，为烟台经济社会建设做贡献。

## 一、认真落实和贯彻中央、省市精神，进一步增强服务地方，支持烟台经济社会发展的使命感、责任感

山东工商学院紧密结合省市转方式、调结构的战略部署，结合建设山东半岛蓝色经济区、胶东半岛高端产业聚集区和黄河三角洲高效生态经济区对高校的要求，进一步强化内涵建设，彰显办学特色，实施开放办学战略，全面提升为地方经济建设的服务水平。充分认识服务和支持烟台地方的重要意义，进一步把服务烟台工作摆上重要位置，增强责任感、使命感，以加快内涵发展，提高办学水平，切实增强服务地方发展的能力和水平。

一是把"服务烟台"列入学校的战略目标和发展规划。确立了"建设有特色开放式工商大学"的奋斗目标，明确提出"服务地方经济社会发展，服务煤炭行业建设"两个面向，其重要任务之一是"以社会需求为导向，深化教育教学改革"。提出了学校"十二五"期间要坚持的五条基本发展原则，其中之一是"开放发展"原则，特别强调要面向地方特别是烟台市经济社会发展开放，以服务求发展，以贡献求支持；提出了学校"十二五"期间将全力实施的"六大工程"，其中之一是"服务社会工程"，强调要通过调整专业结构，对接烟台经济会发展人才需求，发挥人才培养基地作用；要全面实施"服务烟台发展行动计划"，对接山东省"蓝黄"发展战略，深入开展与地方政府、

大型企业、科研院所的合作,在为地方经济社会发展培养人才、解决科技难题、提供决策咨询等方面上一个新台阶。

二是制定详细的服务地方工作指南。为进一步提高服务地方工作的针对性,找准结合点、切入点,深入烟台社会各界,积极走访调研,全面挖掘学校服务团队、推广成果,制订《山东工商学院服务地方工作指南》。

## 二、优化专业布局,深化人才培养模式改革,为烟台经济社会发展提供人才保障

坚持以建设有特色开放式工商大学为主题,以建设应用型人才培养特色名校为主线,以社会需求为导向,优化专业布局,深化人才培养模式改革,提高教育教学质量。

一是紧密围绕烟台经济发展的重点行业和领域,积极调整优化学科专业布局。瞄准烟台社会经济、科技发展特别是需求增长点、产业增长点拓展学科专业体系;根据用人单位、岗位对所需人才的素质、能力等的要求设计课程体系和教学内容;针对地方经济社会发展的突出问题培养应用型人才。加强人才需求预测、预警系统建设,并向各专业发布预警信息;大力培育品牌专业示范专业,着力建设特色专业和优势专业;定期开展专业建设评估检查,建立教学工作质量问卷调查制度、教学工作运行状态数据公示制度和教学质量年度报告制度,进一步完善学校教学质量监控与评价体系。紧紧围绕地方经济社会发展需要,充分考虑学生的职业发展,进行专业动态调整。

二是进一步探索"订单式"人才培养,通过开设复合型——应用型人才实验班、特色班、定制班等方式,为企事业单位量身定做专门人才。

三是加强和地方各界的沟通联系,鼓励优秀科技工作者、管理干部到市、区、县挂职服务,鼓励教师深入企业实践锻炼。

四是与烟台企事业单位深入合作,共建大学生教学与就业实习基地。与万华集团、中国银行莱山支行、天马、东方电子、龙口港集团、海通物流、海颐软件、华东电子等十多个驻烟企业合作建立教学与就业实习基地或团中央"青年就业创业见习基地"。截至目前,学校共建设 24 个团中央就业创业实习基地和 176 个校级教学与就业实习基地,其中驻烟企事业单位占到了 90% 以上。

五是致力于培养创新应用型人才,强化实践教学,积极鼓励学生参加工程技术训练、学科竞赛、科研活动和校外实习,增强其实践动手能力。我校

学生以"服务新农村,建设新家园"为主题,组建校级服务队、学生社团实践团队,开展了包括调研支教、政策宣传、挂职锻炼、企业调研和就业创业体验等内容丰富,形式多样的活动。

## 三、以产学研合作,服务烟台经济建设

一是密切跟踪山东半岛蓝色经济发展趋势,突出蓝色经济区建设和蓝色经济发展研究。参与了《山东省经济蓝皮书》《烟台市"十二五"规划》《烟台市蓝色经济区建设规划》《烟台市创新型城市发展规划》的编制、论证与咨询工作。开展了区域经济评价、海洋经济与临港产业、特色农业、经济文化强省与烟台发展等方面的研究,《烟台市经济发展报告:低碳经济》《烟台市制造业及相关产业人才引进目录》《烟台市海洋经济和临港产业人才引进目录》《山东各市创新能力的综合评价和比较分析》等51部咨询或研究报告被地方政府机关或企事业单位采用。

二是与烟台社会各界开展深度合作,探索服务地方新模式。承办了烟台企业家联合会年会及驻烟高校科研成果发布对接会。与烟台市政府,以及烟台市高新技术开发区政府、莱阳市政府、龙口市政府、莱山区政府等县、市、区和烟台张裕集团、交运集团、振华集团等百余个大型企业集团建立了战略合作关系。承担了烟台市历年的"政府工作群众满意度调查"工作和烟台市公务员培训任务,组织各类企业培训590余班次,培训人员近3万余人次。先后到烟台盛泉集团、龙口矿业集团、黄金集团等企业,就企业用工、技术需求和人才培养等情况进行调研。

## 四、传承新儒商文化,服务社会文化事业发展

学校秉承文化传统和办学理念、顺应经济社会发展需要、植根儒家优秀传统文化沃土、立足烟台开埠、开放文化区位优势,结合自身财经类院校的类型特征,大力培育、弘扬新儒商文化,传承中华优秀传统文化,弘扬社会主义先进文化。

一是开放学校资源,为创建学习型城市提供资源共享服务。积极创造条件,逐步向烟台市企事业单位、科研、技术及管理人员开放商学实验中心、计算机实验中心、艺术中心,向市民开放体育馆、图书馆等体育文化设施。

二是利用学校教育资源优势,开展继续教育、岗位培训工作。开展了烟

台国有大中型企业统计人员会计、统计专题培训，社会保险经办管理人员培训，烟台公务员考试培训等。

三是积极组织师生走出校园，服务烟台。组织学校的知名学者和学术骨干，或深入社区，或利用大众传媒，或在图书馆等公共场所，定期举办系列文化讲坛、经济管理知识讲座、法律知识普及活动。

四是积极开展大学生社会服务活动。组织大学生志愿者深入清泉老年公寓、瀛洲大街派出所等地开展形式多样的志愿活动，发扬"奉献、友爱、互助、进步"的志愿者精神、践行"文明修身"活动。通过致力于国际葡萄酒节、果蔬博览会、全运会、创城、亚沙会等大型赛事以及母亲教育、抗震救灾、低碳环保、扶老助残等公益事业的志愿服务活动，学校获得第三届亚洲沙滩运动会"志愿者工作优秀组织单位""志愿者服务突出贡献奖"。学校青年志愿者服务中心荣获"烟台市十大杰出志愿者服务集体"。

《鸡西大学学报》2014年4月第4期

# 试论高校艺术创新人才培养对促进山东动漫产业发展的意义

张黎红

动漫产业是依赖于动漫设计基础之上的一种产业链,主要通过动漫设计作品衍生出来相关的产业运作,从而获得一定产业效益。动漫设计属于 CG(Computer Graphics 的简写)行业部分,主要通过漫画、动画结合故事情节形式,以平面二维、三维动画、动画特效等相关表现手法,形成特有的视觉艺术创作模式。动漫设计也成为高薪"朝阳产业技能"的代表。山东的动漫产业主要集中在济南和济宁等地。而济南的动漫产业基本集中于位于高新区的齐鲁软件园内,济南的动漫产业主要在为电视台等制作短片,或者自己制作一些相关产品,动漫产业只能相对维持发展现状。济南齐鲁软件园基本承担了济南及周边城市动漫产业的管理,同时,给予相关产业必要的人才和设备的支持,比如搭建首个动漫集群渲染平台,免费提供给基地企业使用。目前,整个齐鲁软件园内聚集了 50 余家动漫游戏企业,28 家动画制作企业,12 家游戏开发运行企业,服务外包成为这些动漫企业的主要的经营方式,山东的动漫产业发展前景并不乐观,其主要原因是动漫产品的文化内涵和艺术创新需要大幅度提高,需要各方的支持,这一朝阳产业方能发出光芒。因此,山东动漫产业的发展在很大程度上依赖于高校这个可以在较短的时间内提高动漫设计人才综合素质的教育机构,因此,提高高校的动漫设计教学质量的重要途径是开发利用本民族的美术和文化资源,大力推动山东动画产业的发展。

而随着政府对动漫产业的加大扶持,民族的各种艺术形式:古代的雕塑和彩陶艺术,中国画的各种表现形式,甚至包括中国的剪纸和民间版画艺术,等等,都在动漫产业中彰显出独特魅力。例如,动画片《小蝌蚪找妈妈》就是以中国水墨写意画的形式表现动漫形象的。动画角色造型时不求再现、形似,强调"神似"的角色性格。《大闹天宫》在造型形式上是从我国民间美术如铜器、画像、古代绘画、庙堂艺术及民间年画等多方面吸取营养,融会贯通。这些形象特征都以传说描述为依据又强调主观上的意会及夸张的手法突出特征,以形的特异和民族性特点而达到神的传达,具有强烈的造型感和生命力。因此,高校的动漫设计教学就应引导学生充分开发和利用这些本民族深厚的美术资源,构建具有中国气派和世界艺术表现语汇的高校动漫设计教育体系，只有这样，山东的动漫产业才能有其蓬勃发展的深厚根基。

（1）针对山东动漫产业所存在的文化困境和缺乏艺术创新的现实，从改进高校艺术创新型人才培养模式入手，研究如何将高校的动漫设计教育改革与解决相关的社会经济产业问题结合起来进行研究，譬如将高校艺术创新型人才培养对实现山东动漫产业的文化突围和艺术创新进行研究。加强高校艺术创新型人才培养的文化艺术内涵和的培养，丰富学生的动漫艺术表现技法，从而促进山东动漫产业实现文化和艺术创新。引导学生广泛欣赏中国美术的优秀作品，提高审美鉴赏能力和审美素质，丰富山东动漫设计作品的文化艺术内涵。引导高校动漫设计专业的学生立足中华民族的悠久文化历史，了解中国美术的独特审美价值，唤起大学生对本民族美术形式的热爱和崇敬之情，只有这样才能激发学生学以致用，在动漫设计中运用本民族的艺术语汇创造出更多具有中国气派和民族自信的优秀动漫设计作品。

（2）引导高校艺术设计生运用中国绘画的基本表现技法，为创作具有民族特色的动漫设计提供基础和保障，从而促进山东动漫设计作品实现艺术创新。中国绘画的表现技法主要有写意和工笔重彩及兼工带写这三种形式。写意是以意境的表现为主的绘画形式，这种技法较适合为动漫设计创设抒情浪漫的情境。而工笔重彩就是指工整细密和敷设重色的绘画艺术。在中国绘画历史的早期，工笔重彩占有重要地位。迄今为止，已出土的许多秦汉时期墓室的壁画、帛画及大量的画像石、画像砖等现存的绘画实物。例如，湖南长沙马王堆汉墓发现的帛画、都是地道的工笔重彩，特别是轪妃墓的T形"非衣"，构图巧妙，线描精细，设色绚丽，显示了当时工笔重彩达到了高度成就。这种技法较适合形成动漫设计典雅而恬静的风格，从而更好地凸显中国意蕴。兼工带写是说工写结合的表现方式，就是指工笔、写意两种不同的技法运用于一幅绘画作品这中。如齐白石的《枫叶寒蝉》就是这样产生的佳作。挥洒而就的墨色枝干上数片艳红的秋枫，一只精绘的工笔知了正停在红枫上，在红与黑、工笔意的强烈对比中，一片充满生气的秋光跃然纸上。齐白石曾论及：大笔墨之画，难得形似；纤细笔墨之画，难得神似。此工者余常笑昔人，来者有欲笑者，恐余不得见。工笔、写意二者各有所长，对立的表现形式，又经常引起彼此的非议。齐白石将工笔意结合起来表现，正是利用了二者之长，从而开拓出一种崭新的境界。中国动漫设计就可以尝试用兼工带写的中国美术的传统表现技法，如背景用写意的形式表现，而前景中的人物可用工笔重彩的风格类表现，从而形成新颖的艺术境界。通过引导学生动手进行艺术实践，进行民间陶艺、雕塑、剪纸及版画等艺术的学习，丰富动漫设计的表现形式，提高学生的建模效率和动漫角色设计的艺术创新程度。

(3)加强艺术实践(动手做泥塑),加深学生对造型的认识和理解。有益于动漫设计专业学生进行角色的艺术创新,有利于直接提高利用 3D 或 Maya 等软件进行立体建模的工作效率,为山东动漫产业的发展提供动力和生命活力。

加强艺术实践,高校的动漫设计的实践教学核心应体现在创新意识的培养即让学生在动脑、动手环节上,鼓励学生动脑创意,动手做雕塑;教学应以"双动"为主线,促使学生主动思考,主动学习,从根本上变课堂教学中的"教—学"关系为"学—教"关系。因此,教师要逐步培养学生审美的本领,要求学生的构思越奇越好,在注重基本功的同时更要培养学生的创新意识,这样的教学培养出来的动漫设计人才既能直接提高利用 3D 或 Maya 等软件进行立体建模的工作效率,又能为山东动漫产业的发展提供动力和生命活力。创新是艺术的生命。教师的任务是引导和帮助学生在创新中发挥自己的奇思妙想,调动学生的主观能动性,最大限度地激发他们的想象,同时在实践教学中让学生实现"干中学",在学习中发现问题。因此,实践教学核心应体现在学生的动脑、动手环节上,将 3D 建模形象和雕塑形象做比较,我们会发现动手做雕塑对提高动漫角色的建模效率颇有裨益。

因此,教师要逐步培养学生审美的本领,要求学生的构思越奇越好,在注重基本功的同时更要培养学生的创新意识,这样的教学培养出来的动漫设计人才既能直接提高利用 3D 或 Maya 等软件进行立体建模的工作效率,又能为山东动漫产业的发展提供动力和生命活力。

(4)充分利用本民族美术资源和文化资源的宝库,发扬山东作为孔孟之乡的文化优势,创作出符合大众审美理想的动漫设计作品,从而因地制宜地发展动漫产业,促进山东动漫产业实现文化艺术突围。

民族的,才是大众喜闻乐见的。《哪吒闹海》是我国动画史上的一个里程碑,其影片的角色造型是从我国民间年画、戏曲人物脸谱等多方面汲取营养,巧妙融会贯通,兼收并蓄,以夸张的手法突出了角色的性格。无论从角色造型还是性格特征、外形、服饰、配饰和色彩都体现了对文化内涵、民族风格的成熟运用。创意是动漫企业发展的关键。有了好的创意,就能够充分发挥动漫的优势和特点,把产品做大做强,把优秀文化传播开来。这种将传统文化题材转化为无穷创意的能力正是推动原创动漫公司不断向前的动力。

引导高校学生充分利用本民族美术资源,发扬山东作为孔孟之乡的文化优势,创作出符合大众审美理想的动漫设计作品,从而因地制宜地发展动漫产业。鼓励学生运用山东作为孔孟之乡的文化优势,丰富原创动画的创意,比如,利用动漫的形式将孔子与其弟子的经典故事表现出来,引人入胜。利用山东的文化艺术资源加强原创动画的艺术感染力。山东动漫产业应发扬山东作为孔孟之乡的文化优势：如历史典故、孔孟的经典名著（譬如《论语》等）、山东的剪纸和皮影戏等民间艺术，并以动漫形式将历史重新刻画，创作出符合大众审美理想的动漫设计作品；通过对其角色造型设计的分析，挖掘出中国传统文化中民族性的元素符号在动画造型设计中的应用方式，为动画造型的设计根植于本土文化，创造出真正具有民族特色的动画角色造型。高校动漫设计教学的教学方向应充分利用本民族的美术资源和孔孟之乡的文化优势，因地制宜地发展具有山东文化特色的动漫产业。

*《文教资料》2014 年第 35 期*

# 论高校服务地方发展的途径
## ——以山东工商学院为例

纪祖伟

烟台市作为山东半岛蓝色经济区和胶东半岛高端产业聚集区建设的重要城市,作为国家对外开放的前沿城市,提升城市层次、增强区域竞争力成为烟台建设的主要目标。作为驻烟高校,山东工商学院进一步发挥学科优势、人才优势和整合办学资源优势,搭建"学校为主,政府推动,企业参与,共同发展"的平台,不断完善以社会需求为导向,行业、企业广泛参与的应用型人才培养新机制,突出"商蓝融合"办学特色,以商科人才培养优势融入蓝色经济区建设,服务烟台经济社会发展,取得了显著成效。

## 一、依托商科优势,服务蓝色经济

学校坚持"商蓝融合",以商科人才的培养优势,融入国家提出的"蓝黄"发展战略,服务蓝色产业、区域社会管理、文化产业运营。凭借省级"半岛蓝色经济研究基地""半岛蓝色经济研究院"为蓝色经济区的建设提供人才、科研、咨询、培训、科技、设施和文化等方面的支持和服务。学校专门成立了国内合作与交流处—服务地方办公室,出台并实施了《服务烟台行动计划》,与烟台市人民政府、烟台市高新区政府、莱阳市人民政府、龙口市人民政府、烟台市莱山区政府以及烟台市张裕集团、烟台振华集团、烟台交运集团等政府、企事业单位建立了战略合作关系。学校参与了《烟台市"十二五"规划》《烟台市蓝色经济区建设规划》《烟台市创新型城市发展规划》的论证以及编制工作,展开了区域经济评价、海洋经济与临港产业、特色农业等方面的研究,为地方政府机关或企事业单位提供了《烟台市海洋经济和临港产业人才引进目录》《烟台市经济发展报告:低碳经济》《烟台市制造业及相关产业人才引进目录》等50余部研究报告;学校承担了历年的"烟台市政府工作群众满意度调查"和烟台市在职公务员自选培训任务,举办各类企业培训 1 000 余班次,培训人员达 30 000 余人次。

## 二、校企联手，平台共建

按照互惠互利的原则，利用地缘优势在烟台企事业单位建立了21个团中央就业创业实习基地、168个校外教学就业实习基地。基地按照"学校规划、职能部门协调、二级学院运作、实习基地协助管理"的模式运行，学生在基地"预就业"，提高了自身实践能力和职业素质。同时也为实习单位提供了实地考察学生的机会。

强化校内实验实训基地建设，依托学校优势教育教学资源和先进的实验平台，吸引企业把培训基地、研究中心建在校内。10年前，与用友公司合作成立了山东省唯一的用友ERP示范中心。目前双方在共建实验教学基地、联合培养师资、共同开发课程体系等方面已经形成了稳定的、成熟的合作模式。前不久，依托学校的省级实验教学示范中心——商学实验中心，用友新道科技有限公司在学校组建了全国高校首家信息化企业案例研究院，双方共同开发了以真实机械制造业企业原型为平台、以ERP应用实务为主线的系列培训课程。此外，阿里巴巴把其"电子商务外贸人才基地"建在学校电子商务专业，双方优势互补，已经联合培养了3届共400余位优秀的应用型电子商务外贸人才，初次就业率达到了100%；国际财务管理师协会（IFMA）把国际财务管理师（AIFM）特许授权培训中心设在学校的国际商学院；烟台市保险行业协会把"烟台保险业人才培训基地"设在学校的统计学院，等等。目前，企事业单位或行业协会依托我校相关学科专业、实验平台建立的人才培养基地共有16个。

## 三、供需对接，人才共育

开展商科人才订单式培养。企业根据自身的需求委托学校培养人才，提出人才培养的数量和质量要求，学校则根据企业的需求进行招生和教学安排。学校相继与山东招金集团联合开展了"复合型—应用型商学人才"培养计划；为张裕葡萄酿酒有限公司提供了"区域销售经理班"订单式培养方案；为烟台振华百货集团提供了连锁经营高级"店长班"订单式培养模式；另外，还与用友软件股份有限公司共同开办了"ERP高薪就业班"；联合大型煤炭企业，实施煤炭优秀青年单独招生计划，等等，取得了显著的成效。

开展IT人才服务外包项目。依托服务外包软件学院，学校先后与烟台千百十一服务外包有限公司、烟台富士康科技集团、北京达内科技公司、大连海辉软件集团、山东师创软件有限公司、浪潮集团等16家企业单位签订了服务外包人才培养协议。根据协议，教学计划的制定、教学过程的实施、学生的实习实训、学生的日常管理等由学校和企业共同完成，学校负责学生的专业基础理论教学，学生的实践教学在企业进行。学校开设了贴近企业需求的完整的课程体系，扩建了服务外包实训专用实验室2个，打造了一支专兼职相结合的服务外包师资队伍。目前学校已为地方服务外包产业培养了高素质应用型人才2 000余人，已经成长为省内与企业联合开展软件服务外包人才培养最早、合作模式最成熟、培养规模最大的高校之一。

## 四、知行合一，实践育人

结合学科专业实际，开展以社会需求为导向的多样化的教育教学改革。根据经济社会发展形势、用人单位的需求，在部分专业开展"3+1"教学模式、课程嵌入实验班等教学改革，学生在确保知识架构稳步提升的基础上，紧密结合产业的发展特点，充分熟悉掌握先进的实用技术。

根据课程特点，开展以学生为中心的教学方法手段改革。各院（部）根据专业和课程的教学特点，研究探索出了适合经管类专业特点、独具本校特色的"团队创新教学法""投入循环教学法""协同式教学法""模拟教学法""红黑牌教学法""对话式教学法""团队合作教学法""自导式教学法""自我期望管理教学法""开放式教学法""反馈式教学法""案例教学法""探索—研究教学法"等百余种各具特色的教学方法，增强了学生学习的积极性和创造性，提高了教学质量。

全面构建实践教学体系，强化学生应用能力培养。各本科专业都建立了完善的"四层次五模块"实践教学体系，商科专业实践教学学分占总学分的20%以上。

## 五、传承新儒商文化，服务社会文化发展

学校秉承文化传统和办学理念、根据地方经济社会发展需要、植根儒家优秀传统文化沃土、立足烟台开埠、发挥文化区位优势，结合财经类院校自身的特点，大力培育新儒商文化，传承、弘扬中华优秀传统文化和社会主义先进文化。

学校面向社会开放体育馆、图书馆、艺术中心等体育文化设施，共享办

学资源。组织亚沙会服务、扶老助残、公益宣传等社会服务活动,我校学子刘思宇同学在禁毒防艾、环保和保护野生动物等公益事业方面做出突出成就,荣膺双年度"十佳烟台好人"荣誉。积极开展包村帮扶("3+1"共建)工作,通过向帮扶村送资金、送服务等方式,不断深化结对共建工作。第一批帮扶的莱州市程郭镇后苏村,资助 20 余万元用于改造村容村貌,使后苏村成为新农村建设示范村,第二批帮扶的莱州市驿道镇大居村、迟家村,已投入 10 万余元,并就经济林木种植展开调研。第三批帮扶的莱州驿道镇邢胡村已拨付 5 万元资金帮助整修水利设施。

《鸡西大学学报》2015 年 2 月第 2 期

# 第五篇　生态与环境

# 区域生态环境压力与经济发展"脱钩"关系研究
## ——以胶东半岛为例

王崇梅

胶东半岛是渤海经济圈的重要组成部分,正确认识胶东半岛面临的资源环境压力并采取有针对性的应对措施,是胶东半岛未来实现可持续发展的必要保障。实现经济发展与环境压力脱钩是胶东半岛建设资源节约型和环境友好型城市的重要路径。

## 一、"脱钩"模型及指数分析

### 1."脱钩"模型

在对经济驱动力及环境压力进行量化以后,需要采用合适的方法来描述二者的关系。通常按照二者的时间序列绘制图表,直观描述它们的变化过程。定量描述某环境压力指标与驱动力指标之间的关系可以采用脱钩比率(decoupling ratio)形式,脱钩比率是需要考察的变量指标之间的比值,分子与分母分别为环境压力及某种驱动力。

本文用"脱钩"指数(Decoupling Index,DI)描述环境压力与经济发展"脱钩"的状态。环境压力一般源于能源消耗和污染物排放超过了环境可承载能力,因此,"脱钩"指数(DI)指一定时期内某种资源消耗量变化的速度与经济增长变化的速度(例如 GDP 增长率)的比值,或者某种污染物(例如 $CO_2$、$SO_2$)排放量变化的速度与经济增长变化的速度(例如 GDP 增长率)的比值,即 DI = EI/GI。DI:"脱钩"指数;EI:环境压力指数;GI:GDP 增长指数。

### 2."脱钩"指数评价分析

目前,主流的"脱钩"评价模式主要有总量评价和 IU 曲线评价 2 种。前者主要考察经济总量增长的同时环境压力总量的变化情况,后者则从单位 GDP 与环境压力的相关性角度考察经济与环境的关系。IU 曲线法体现了"脱钩"的内在机理,目前被广泛采用;而在评价"脱钩"对实际资源消耗的影响效果方面，总量评价法则更具优势。经济总量增长的同时减少资源消耗，必然源于单位 GDP 的资源消耗下降；单位 GDP 的资源消耗下降，未必引起资源消耗总量下降。

按照单位 GDP 消耗降低是否引起消耗总量下降，可以将脱钩分为 2 种形式——"相对脱钩"与"绝对脱钩"。OECD 将脱钩描述为环境压力增长率低于经济驱动力增长率的情形，显示出其对相对脱钩的认同，同时也对相对脱钩与绝对脱钩的内涵差异进行了阐释。有学者强调以绝对脱钩作为标准，认为评价经济增长能否真正同物质消耗脱钩，应当采用总量比较，只有经济总量上升的同时物质消耗持平或下降，才属于脱钩情况。脱钩分为 3 种情景。当 DI≥1 时，为复钩，当 DI=1 的情况是复钩与相对脱钩的转折点；当 0 < DI < 1 时，相对脱钩；当 DI=0 时，在经济持续增长的情况下，污染物产生量不增加；DI < 0 时，绝对脱钩。

脱钩具体评价，需要引入反映经济驱动力和环境压力增长水平的指标。通常情况下，研究者采用 GDP 作为反映经济发展水平的指标，有时候也会采用人口增长或其他指标。而对于环境压力增长的反映指标则尚没有形成统一观点。很多情况下，研究者会采用资源的消耗量或者废弃物的排放量作为衡量指标。有时候，出于更高水平的研究目标，研究者也会采用更加复杂的变量，此时，资源的回收利用手段及复杂的环境压力指标都会被加以考虑。

## 二、胶东半岛脱钩形势

### 1. 案例区概况

胶东半岛位于中国东部沿海地区，濒临渤海和黄海，是环渤海经济圈的重要组成部分，是全省各个领域发展水平最高、潜力最大、活力最强的经济区域。1984 年青岛、烟台和威海列为沿海开放城市，由于开放初期只注重经济发展的速度，缺乏对社会效益和生态效益的关注，生态环境与社会经济发展之间出现了一些不协调问题：工业废水、废气和废渣的排放量不断增长，致使胶东半岛大多数海湾、近海水域不堪重负，水质急剧恶化；生活污水、生活垃圾、轮船废弃物以及原油泄露等进一步加剧了海洋环境污染；人口增加使由于经济的持续快速增长已经相对短缺的资源供需矛盾进一步加剧。显然，胶东半岛在经济高速增长的同时，不能再实行粗放型的经济模式；需要全面考虑经济发展与社会、自然的和谐发展，谋求经济的可持续发展。

### 2. 脱钩形势分析

本文通过大量的资料搜集发现，环境数据统计能查询到的最早时间是2004年，2004年以前在山东省统计年鉴上查不到相关资源与环境数据，因此，胶东半岛蓝色经济区环境压力形势分析数据限于2004年以后，这充分体现了"十一大"以后中国和山东省对于生态环境的日益关注。本文分析了胶东半岛经济增长与能源消耗，经济增长与环境压力包括废水、废气等主要排放物的情况，通过分析GDP与这些指标的数量关系，从而尽可能反映经济发展对环境压力造成的影响。

（1）胶东半岛经济发展与能源消耗脱钩关系。

由于GDP与能源消耗的单位及数量级不同，可以将数据转化为指数形式进行比较分析，采用的方法是以基期年数据为100，其他年份数据与基期年进行比值计算，数据如表1所示。

表1 以2004年为基期的可比价格GDP与能源消耗、废气、废水关系

Tab.1 Relation between GDP and energy consumption, waste gas and waste water based on 2004

| 年份 | GDP增长指数 | | | 万元GDP能耗/(t标准煤·万元$^{-1}$) | | | 废气增长指数 | | | 废水增长指数 | | |
|---|---|---|---|---|---|---|---|---|---|---|---|---|
| | 青岛 | 烟台 | 威海 | 青岛 | 烟台 | 威海 | 青岛 | 烟台 | 威海 | 青岛 | 烟台 | 威海 |
| 2004 | 1.0 | 1.0 | 1.0 | | | | 1.0 | 1.0 | 1.0 | 1.0 | 1.0 | 1.0 |
| 2005 | 1.246 | 1.228 | 1.160 | 721.2 | 888.50 | 540.86 | 1.137 | 1.019 | 1.082 | 1.052 | 1.01 | 1.043 |
| 2006 | 1.482 | 1.468 | 1.357 | 694.78 | 840.36 | 523.92 | 1.318 | 1.344 | 1.025 | 1.296 | 1.029 | 1.198 |
| 2007 | 1.75 | 1.757 | 1.570 | 660.36 | 840.52 | 501.67 | 1.565 | 1.04 | 0.887 | 1.312 | 1.156 | 1.24 |
| 2008 | 2.05 | 2.095 | 1.765 | 617.07 | 779.54 | 462.13 | 1.584 | 1.38 | 1.094 | 1.372 | 1.148 | 1.268 |
| 2009 | 2.26 | 2.275 | 1.952 | 570.56 | 740.01 | 438.05 | 1.926 | 1.364 | 1.281 | 1.474 | 1.271 | 1.424 |
| 2010 | 2.619 | 2.659 | 1.928 | 570.53 | 730.40 | 445.05 | 1.869 | 1.542 | 1.573 | 1.578 | 1.331 | 1.638 |

数据来源：根据2004—2010年青岛、烟台、威海、山东省统计年鉴整理而得。

根据表1计算得到图1，从图1可以看出，3个城市2005—2010年环境压力与经济增长的关系处于良好状态，DI一直小于1，即相对脱钩。GDP增长率在逐年增长的同时，能源消耗增长率也在逐年增长，但经济增长的幅度大于能源消耗增长的幅度。

青岛是制造业和服务业发达的国际性港口城市和滨海旅游城市；烟台是以制造业为主导的综合性区域中心城市；威海是电子信息、机械制造等为龙头的综合性城市。由于这 3 个城市的职能定位不同，表现出其脱钩指数存在一定的差异。威海 2009 年以后 DI 变大，说明威海能源消耗增长的势头大有超过经济增长的势头，也就是出现复钩的迹象。烟台的情况最好，青岛的情况居于两者之间。

（2）胶东半岛经济发展与废水、废气等排放脱钩分析.

图 2～图 4 中的数据均以 2004 年为基年，然后做消除量纲处理．取 2004 年数据为 1，然后分别计算其他年份的数据，具体数据见表 1。大于 1 则表示增长，小于 1 则表示下降。

比较分析图 2～图 4 可知，（1）青岛 GDP 与废气、废水的排放在 2004—2010 年间处于相对脱钩状态，在 GDP 每年逐渐增长的同时，虽然废气、废水的排放每年也是逐渐增长的，但增长的幅度小于 GDP 增长的幅度。（2）烟台 GDP 增长与废气排放总体上处于脱钩态势。在 2006 年以前，处于相对脱钩状态，2006—2007 年处于绝对脱钩，之后废气排放量上升，又回复到相对脱钩状态．烟台 GDP 增长与废水排放实现了相对脱钩。（3）威海 GDP 增长与废水排放相对脱钩，GDP 增长与废气排放在 2006 年以前和 2008 年以后是相对脱钩的，而 2006—2008 年间绝对脱钩。造成 3 个城市 DI 存在差距的原因是不同城市的职能定位导致该城市的制造业的比重和侧重点有所不同，造成能源消耗以及产生的环境污染物数量不同。

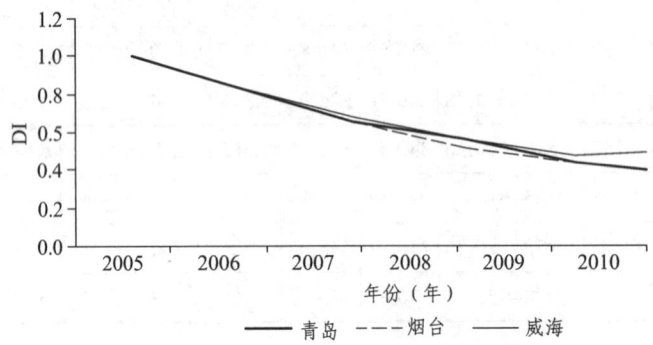

**图 1　青岛、烟台、威海的经济增长与能源消耗脱钩指数（DI）**

Fig.1　Decoupling index between economic growth and energy consumption in Qingdao, Yantai and Weihai

第五篇 生态与环境

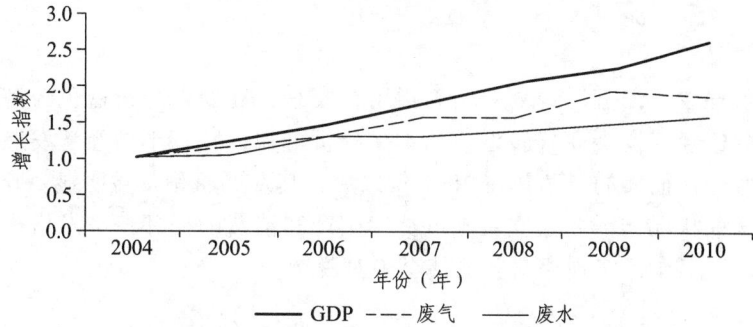

图2 青岛GDP增长与废气、废水排放年际变化
Fig.2 Inter-annual variation of GDP growth and emissions of wastegas and wastewater in Qingdao

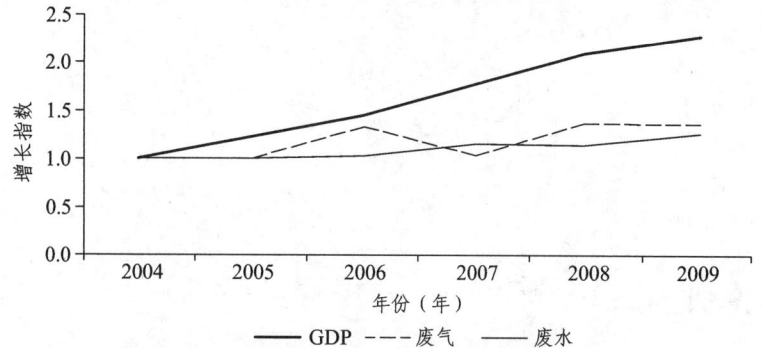

图3 烟台GDP增长与废气、废水排放年际变化
Fig.3 Inter-annual variation of GDP growth and emissions of wastegas and wastewater in Yantai

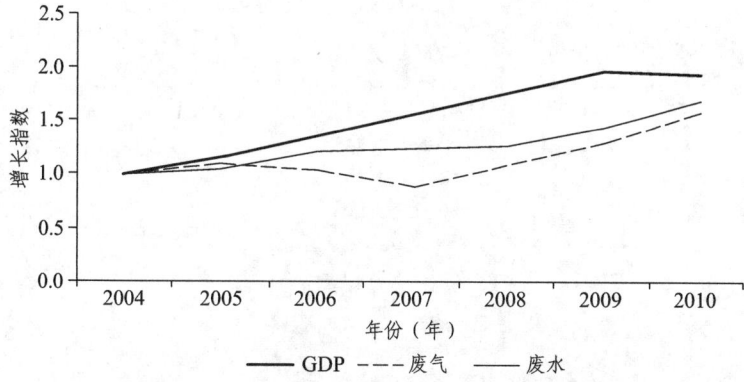

图4 威海GDP增长与废气、废水排放年际变化
Fig.4 Inter-annual variation of GDP growth and emissions of wastegas and wastewater in Weihai

## 三、结 论

　　山东省"十二五"规划中明确指出，胶东半岛要以建设蓝色经济区为目标，向绿色经济发展模式转型。从本文分析可知，胶东半岛经济发展面临的环境压力还是很大的，尤其在2007年以后，其发展瓶颈日益明显。胶东半岛要改善这种状况，需要建立实施可持续生产和消费的循环经济发展模式，加快节能减排工作，实现相对脱钩甚至绝对脱钩。

　　《湖南师范大学自然科学学报》2013年2月第1期

# 原生态建筑的现代化设计探寻
## ——以胶东海草房为例

周晓艳 程 磊

## 一、原生态建筑面临的危机

原生态建筑,一般是指存在于世界各地的、与当地的地域特征(包括自然特征和文化特征)相适应的民间建筑,尤其指民居。这些传统民居是依据当地的自然环境而设计的,尊重原生态特征,与自然气候、地形特征和地域资源相协调,反映了人们对传统的生态建筑观念的理解和对理想的居住模式的追求。

在我国,西北地区的窑洞民居、西南地区的井干式民居、蒙古的帐篷式民居、湘西的石板寨民居、江南民居、山东胶东地区的海草房,这些传统民居无不反映我国灿烂的建筑文明中折射的地域风情,它们适应当地的气候条件,渗透当地独特的历史文化,符合人居习性和行为模式,创造出宜人的居住环境和强烈地域特征的建筑形态。

原生态建筑具有天然的生态性和艺术审美价值,在现代建筑设计中仍然值得继承和学习。遗憾的是,因为时代的发展和人们生活水平的提高,很多原生态建筑正在逐渐消失,而城市中随处可见现代化、工业化的建筑形态,这些建筑形态单一、刻板,缺乏设计理念上理性与情感的融合,更谈不上节能与环保了。面对这种现状,如何保护原生态建筑,并在现代建筑设计中传承优秀的地域文化和生态文明,成为现代建筑设计面对的实际问题,也正在逐步引起政府、企业和专家学者的关注。因此,原生态建筑需要与时代特色相结合,将代表原生文化的物质与非物质因素与现代技术相叠加,实现对原初状态的现代化转移。

本文以山东胶东地区的海草房为例,对原生态建筑的现代化设计问题做一些初步的探索和研究。值得一提的是,本文对原生态建筑的现代化设计不仅仅局限于传统的民居范畴,而是从更宽广的范畴,探寻原生态建筑设计思想在现代各类建筑设计中的传承和运用,强调原生态建筑的生态价值不仅仅体现在技术的层面,在精神和文化的层面同样重要。

## 二、胶东海草房及其现代设计案例分析

海草房作为胶东半岛的特色民居，主要集中在威海，尤其荣成一带。海草房依据胶东地区的自然气候、地域资源和民风习俗而建，以花岗岩为墙体、以胶东地区独有的海草资源苫覆屋顶，形成独特的原生态建筑群落，具有很高的生态价值和审美价值，是珍贵的建筑文化遗产。然而，随着社会的发展和生活水平的提高，居民的生活习性与生活方式发生很大的改变，尤其是年轻人，已经不能接受海草房的居住条件，许多海草房因无人居住、年久失修而塌漏，导致海草房村落呈现出逐渐减少的态势，甚至濒临消失的危机。

### 1. 胶东海草房的原生态价值

（1）建筑材料采用本地材料，合理利用地域资源，充分体现"就地取材"的建筑设计思想。海草房的基础材料包括花岗岩、木料、笆条、贝草、麦秸、海草等，均是本地自然材料，其中主材是花岗岩和海草。花岗岩质地坚硬不易风化，用于打地基和砌墙；海草晒干后苫覆屋顶。海草是一种水生植物，长到一定高度后，遇到大风大浪，海潮就会将其成团的卷向岸边。沿海的人们提前将海草打捞上来，晒干整理，等到盖房子时使用。由于生长在大海中的海草含有大量的卤和胶质，晒干后坚韧而有弹性，将其苫成厚厚的房顶，除了有防虫蛀、防霉烂、不易燃烧、抵御海风的特点，还具有很好的隔热保温的作用，冬暖夏凉。同时，海草的耐久性可达40年以上，延长建筑的使用寿命，废弃的海草可降解，不会污染环境。

海草房在材料的使用上，不仅体现生态价值，还充分展示了其装饰性和审美价值。色彩质朴而淡雅的石墙上覆盖着厚厚的、高耸的海草屋顶，石材与海草在材料质地、外观色彩上均形成鲜明对比，连绵不断的海草房村落形成起起伏伏的优美建筑轮廓线，状如童话中的蘑菇小屋，给观者以童话世界般的感受。

（2）海草房村落独特的地理环境、经济状况和当地居民农渔兼做的生活方式，决定了当地居民与海洋气候相适应的生活习性与居住模式。这使海草房从建筑外观到内部空间均体现了胶东沿海居民独有的地域文化观和生态价值观。

在海草房的建造中，针对胶东地区夏季多雨潮湿、冬季多雪寒冷的气候特点，房顶通常采用两面的屋顶或垒垛形的三角形屋顶，这样既可减弱四季不断的海风，又有利于降水排流速率的提高。当冬天暴风雪熔化后，雪水可以顺着这个垒垛形的三角形屋顶迅速地向下流去，减轻大雪对房子的压力；

夏天的雨水可以顺势而下，不会漏入屋内。海草房的内部空间比较狭窄、紧凑，正房一般坐北朝南，南窗大而北窗小，室内采光充足。顶棚用玉米秸秆作结构层，用彩色的印花纸裱糊，自然形成隔冷、热气流的隔离层；厚重的墙体起到吸热慢、散热慢的作用，自主调节昼夜温差。室内冬暖夏凉，居住舒适。

海草房建筑内外空间组织合理，建筑能源能够有秩序地循环转换，从而获得一种高效、低耗的生态建筑环境，符合生态学原理。

（3）胶东居民以海为生的生活习性使"海洋文化"成为胶东地域文化的主要组成部分，在建筑装饰中充分体现出了地域"海文化"特征。

沿海的远古先民以渔猎为生，自然对鱼类动物产生敬畏，进而转化为图腾崇拜。后经过部落迁徙与各民族间的文化融合渗透，转而成为龙图腾崇拜。因此，胶东民居的装饰题材以龙、鱼多见。建筑物的屋脊常饰以鱼形纹，相对置于正脊两端，形象活泼生动，使屋脊轮廓线异常丰富，成为胶东传统民居海文化风貌的突出特征。此外，水生动植物也是室内装饰中经常使用的题材，如：鱼、虾、龟、蟹等水族动物，以及海带、水草等水生植物。同时，在海草房的装饰材料、装饰工艺、装饰色彩等方面，都体现着胶东沿海文化圈中特定的物质文明和精神文明。

## 2. 海草房的现代酒店设计案例分析

福来齐海岛渔家原生态酒店位于烟台市著名旅游景点烟台山下，周围环境清净优雅，古朴自然的建筑外观与烟台山步行街的老房子交相辉映，相得益彰。酒店从建筑用材到室内装饰、空间布局均体现胶东海草房自然的建筑形态和生态环保的设计理念，没有矫揉造作的粉饰，呈现出原始的、朴拙的、自然的原生态艺术魅力，具有极大的原创性和艺术冲击力。

步入酒店内，顿时被一种原生态艺术气息所包围和感染，海草房、石头墙、朴素的民俗画、厚重的古玩家具、粗犷的青砖石器、典雅的陶瓷灯……这些元素以一种自然朴素的格调完美呈现。

酒店分三层，一层为散座区，二、三层均为大小不同的包间。每一层的面积并不大，但布局很讲究且有层次感，内容丰富却不杂乱，使人感觉空间顺畅而舒适。坐落于酒店一层前厅一角的款台是设计的一大亮点。款台上方为半圆形开放式的百年海草屋顶，是胶东海草房的标志性符号；款台后方粗犷的梓木酒柜，散发着浓浓的原生态品味；款台左侧，在充满现代感的金色墙壁内嵌入来自胶东民居的百年老花窗。款台主体两端上宽下窄的方正造型恰似盛满粮谷的方斗，款台桌面则采用整块老樟木板及左右两个老樟木树墩组成，无任何雕刻，在坚固的榫卯间呈现着朴质原生态的纹理。纵观整个款台，暗藏丰衣足食、步步高升的玄机，又似在阐述天圆地方的和谐统一。

酒店二、三层的每一个包间都采用原生态、环保的建筑材料，设计成独立的海草房建筑形态。取自荣成百年老屋的百年海草、胶东渔家收集的二十九扇百年老窗，以及质朴的仿古石墙，再饰以图腾纹样、剪纸艺术、胶东民俗画，设计师将海草房这一古老的建筑形态与民俗符号永远定格在福来齐酒店，让顾客感受到酒店对于古老的海岛渔家原生态文化的尊重和传承，同时也营造出一种温馨古朴的就餐环境，让顾客感受那份久远而浓厚的胶东风情（见图1~图4）。

民俗画的装饰使酒店的胶东风情更加浓郁。画作取材于胶东地区古老的农村生活场景或人物，全面而形象地记录、还原和展现了那段丰富多彩的历史，不事技巧地雕琢，却注重捕捉瞬间，形神兼备，色彩自然淡雅，画风简洁古朴，表达了绘画艺术家对农民的真诚热爱和对农村生活的深入体味。更使观者深思与回味，勾出了缕缕乡情和浓浓的怀旧情结（如图5）。

图1　海草房形态的小包间

图2　大包间外观

图3　仿古石墙和老花窗

图4　老花窗和油灯

此外，原生态家具、室内绿色植物、艺术字画、根雕艺术、嵌瓷装饰与海草、石墙、花窗、民俗画、图腾纹样交相辉映，充分体现出原生态艺术的形式美（如图 6~图 8）。建筑空间浓郁的胶东地域文化、原生态艺术气息和现代人的审美情趣、时代特色相结合，既回归自然和生活的本源，也表达了现代人在设计实践中追求返璞归

图 6　原生态家具

图 7　室内原生态景观

图 8　墙面嵌瓷装饰和图腾纹样

## 三、现代建筑设计中原生态理念的表达

北京中房建筑设计院的布正伟曾关注海草房面临消失殆尽的现状问题,并对胶东海草房原初状态的现代化设计做出探索,创作出极富乡土情调的现代建筑。他在《追寻新地域建筑文化的隐性特征:2000年后建筑创作中的思考与探索》一文中,如是说,"在许多情况下,传统建筑中典型部件的造型,即使是经过提炼加工,也很难自然而有机地融入到新生的建筑作品中来。因而,在对空间与环境设计合宜选择的前提下,更加注重从建筑的文化气质与文化表情上去推敲形构、色彩、光照与肌理的运用,自然也就是顺理成章的事情了。"

刘碧珍在其硕士论文《原生态设计理念在家具设计中的应用研究》中认为:原生态设计理念主要以自然美学相关理论为指导,强调"原",在设计活动中注重营造对象自然美感及体现民族民间文化气息;并强调在设计过程中尽量体现事物本来的特性,"因物制宜",营造设计作品的自然美感,减少人为处理。

因此,笔者认为,原生态建筑的现代化设计观既应该注重生态的设计本质,也还原淳朴的民风和深厚的民族与地域文化,更注重美学在建筑设计中的运用和表现,带来视觉上的审美、文化的传承和使用上的节能。而对生态设计本质的表达是贯穿始终的,与偏重技术表达的现代绿色建筑思想相比,原生态建筑的设计思想更加注重在文化层面的创新、发展和对精神层面的满足。

### 1. 首先是地域文化的传承和体现

原生态建筑随着岁月的流转,逐渐沉淀下来,呈献给现代人的是先民天人合一的生存理念和建造的智慧。这些建筑的成果在不断的积累过程中将地域文化与现代建筑相结合,力求体现地域文化精神并将其融入现代文化中。这不仅指民居,还包括各类公共建筑的设计与建造。

地域文化将其文化精髓与时代发展的脉搏相结合,使之成为具有生命力的、不断进行新陈代谢、并实现自我更新的生命系统。这就决定现代建筑设计绝不是仅在形式上作矫情的模仿和狭隘、偏执的民族主义,它在文化特征上表现为寻求建筑发展与地域文化传统的特殊性相结合,就地取材和因地制宜,并以发展的眼光看待地域文化精神。

胶东居民以海为生的生活习性使"海洋文化"成为胶东地域文化的重要组成部分。福来齐原生态酒店设计将代表胶东地域文化的建筑材料海草、福

鱼剪纸艺术、胶东民俗画和图腾纹样等视觉符号融入酒店设计中。海草作为胶东地区的特有建筑材料，成为胶东地域文化的符号和象征，它不仅环保还具有很强的装饰性；福鱼剪纸艺术寓意富裕、年年有余，与胶东居民的生活息息相关；胶东民俗画逼真形象地再现了纯朴的农村生活场景或人物，反映出胶东渔民农渔兼做的生活形态；而体现海洋文化的龙、鱼、虾、水生植物等图腾纹样使酒店彰显的胶东地域文化更加浓郁。

### 2. 自然美与人工美相结合的艺术表现形式

传统的原生态建筑取材天然、形态自然，在充分考虑与地域资源、自然气候、地形特征等因素相协调的基础上，赋予建筑自然、淳朴的原生态艺术形式。而原生态建筑的现代化设计已经不仅仅局限于民居，很多的公共建筑也在努力创造具有地方特色的建筑形态。这就不可避免地使原生态艺术与现代艺术碰撞、摩擦和融合，在建筑设计中表现为自然美与人工美的结合，而在这种结合中，自然美是外露的、显性的，人工美则蕴含在自然美的形式中，表现为隐性特征。

自然美与人工美的结合，主要是综合运用地域自然材料和现代新材料，配合建筑传统工艺和现代工艺，加以简化创新，建造具有自然质朴气质、符合现代人审美的建筑空间。

福来齐原生态酒店将海草房的建筑形态自然而巧妙地融入酒店设计中，首先在建筑材料的选择和使用上充分体现就地取材的建筑设计思想和原生态、环保、健康的设计理念。酒店的主要材料海草取自于百年海草房，以及设计师从胶东渔村收藏的具有上百年历史的老花窗，采用独创施工工艺得以有效保护。老花窗多采用楸木或榆木制成，有几扇是早已绝种的"黄金楸"，历经百年风吹雨打形成行云流水般的深刻纹理，以及钉疤、虫眼，更是画龙点睛般的展露出古朴沧桑感。此外，青砖、水泥、原木、石头、贝壳……每一种材料仿佛都在诉说着它的自然天成。设计师还发现了一种可替代油漆、安全无害的天然、绿色环保现代材料。用这种材料刷过的木头依然保持了原有的自然木质纹理，并散发着清新的油脂香味。整个设计根据对象物本身固有的形状、色彩、肌理，配以室内灯光，打造自然美感，实现"巧夺天工"的艺术效果，使人工环境和自然环境实现有机融合。

### 3. 人与建筑空间的情感互动

探寻原生态建筑的现代化设计与现代人的审美价值观和情感需求是相吻合的。原生态建筑带给现代人更多的是人类对待自然与自身发展关系的思考。

随着环境保护意识的增强,人们渴望回归自然,崇尚简单、淳朴、贴近自然的生活方式。这种"返璞归真"的情愫使人们对建筑设计的风格表现出了强烈的亲近自然倾向。

建筑凝结了设计师的情感,并通过材料、灯光、色彩、比例、尺度和陈设艺术等视觉审美要素传递给观赏者。使人在欣赏建筑原生态艺术带给人的视觉美感的同时,也在用心灵感受着建筑传递给人的情感体验,势必使观赏者与建筑空间形成情感互动和心灵共鸣。在福来齐原生态酒店,设计师正是通过海草房、石头墙、朴素的民俗画、厚重的古玩家具、粗犷的青砖石器、典雅的陶瓷灯等视觉审美元素向每一位顾客诉说着对胶东地域文化和民风民俗的深厚情感。而每一位来到这里的客人都被这种浓郁的地域文化氛围所感染,酒店追求细致和完美的服务理念更是体现了自然、和谐的原生态文化精神。

## 四、结束语

本文以胶东海草房为例对原生态建筑的现代化设计问题做出探寻和研究,并将原生态建筑的设计思想从原初的民居范畴通用到现代各类建筑设计中。随着西方建筑思想的引入,有责任的设计师仍然将设计的重心放在对我国传统建筑的保护和继承演进上,创造具有中国传统特色、地方特色和时代特色的新建筑。这将使我国的传统文化和地域文明在时代发展的浪潮绽放出更加绚丽的色彩,是一件可喜的事情。

《生态经济》2013 年第 6 期

# 附 录

## 山东省社会科学规划重点研究基地
### ——半岛经济研究基地简介

**【基地概况】**

　　山东工商学院是一所以经济、管理学科为主，经、管、文、法、理、工多学科协调发展的高等学校。建校三十年来，学校一贯紧跟省委、省政府关于大力发展半岛经济的战略部署，全面服务地方经济社会发展，突出半岛经济研究特色。2006年11月，山东省社科规划办公室发文（鲁社规字〔2006〕10号），决定建立"山东省半岛经济研究基地"，挂靠山东工商学院。成功申报省级研究基地标志着我校以"半岛经济研究见优"的研究特色步入了山东省在该研究领域的"学术高地"。在此基础上，于2007年4月，学校党委研究决定成立半岛经济研究院（独立建制），负责组织、协调、整合校内外研究力量并牵头开展科研攻关。半岛经济研究院是以山东半岛区域和产业经济发展为研究对象的、开放式的专职研究机构，是我校服务地方经济社会发展的重要对接平台之一。

**【职能定位】**

　　突出半岛经济区域特色，坚持学术研究与服务地方经济相结合，打造学校学术品牌。主要职能包括：

◇ 承担国家级项目和省部级重大项目的学术研究；
◇ 服务和支撑我校相关学科建设；
◇ 参与省情市情调研、政府政策论证和研究信息反馈；
◇ 承接地方企事业委托项目研究，解决企事业实际问题，为地方企事业咨询和培训服务；
◇ 担当半岛经济相关学科力量培育、学术交流和组织协调任务；
◇ 依托研究院的研究能力，培养研究生。

【组织机构】

根据山东半岛经济社会发展实际,研究基地建立了"半岛城市群与产业发展""半岛经济区域规划与评价""半岛经济生态与可持续发展"和"半岛区域社会与文化发展"四个研究室,通过培养中青年创新团队,提高研究基地的科研实力。组织结构如下。

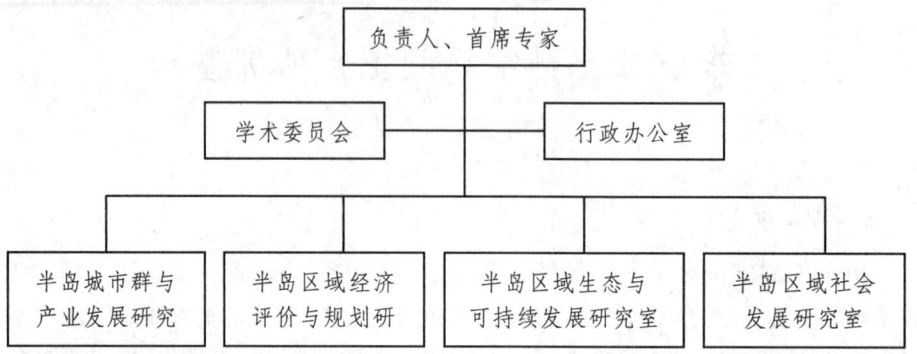

【研究领域】

主要集中在以下方向,并将根据经济社会发展适时调整:
◇ 半岛城市经济及其竞争力评价;
◇ 半岛区域经济及产业结构调整;
◇ 半岛海洋经济;
◇ 半岛技术进步与创新;
◇ 半岛经济社会发展综合评价及监测预警;
◇ 半岛生态、环境、资源及可持续发展;
◇ 半岛社会与文化。

【发展目标】

通过承担省部级以上研究项目、组织重大课题攻关、产出标志性研究成果,使基础研究和应用研究同步发展并建立起知识创新机制,使科学研究的整体水平在山东居于领先地位,并在全国相同研究领域享有较高的学术声誉。在服务地方经济发展方面,采取有效举措,寻求省、市相关部门和单位的支持,在寻求高质量的社会急需研究课题的同时,取得有关部门和单位在信息、科研经费和政策上的支持,让科技人员走出院门,与社会经济部门广泛接触,创造出与地方经济社会发展实际相适应的科研成果,成为政府调控经济社会发展的重要参谋和智囊。

在校党委、行政的大力支持下，经过5~10年的奋斗，一定能以严谨实干的科研作风，深入山东半岛经济社会发展实际，取得丰硕的研究成果，把半岛经济研究基地建设成为省内一流、国内有重要影响、致力服务于地方经济、特色鲜明的学术高地。